风险投资、商业信用与供应链协同创新

单志诚◎著

中国矿业大学出版社
·徐州·

图书在版编目(CIP)数据

风险投资、商业信用与供应链协同创新 / 单志诚著.
徐州：中国矿业大学出版社，2024.12. — ISBN 978-7-5646-6474-9

Ⅰ．F830.5;F252.1

中国国家版本馆 CIP 数据核字第 20241BW588 号

书　　名	风险投资、商业信用与供应链协同创新
	Fengxian Touzi、Shangye Xinyong yu Gongyinglian Xietong Chuangxin
著　　者	单志诚
责任编辑	姜　翠
出版发行	中国矿业大学出版社有限责任公司
	(江苏省徐州市解放南路　邮编 221008)
营销热线	(0516)83885370　83884103
出版服务	(0516)83995789　83884920
网　　址	http://www.cumtp.com　E-mail:cumtpvip@cumtp.com
印　　刷	苏州市古得堡数码印刷有限公司
开　　本	710 mm×1000 mm　1/16　印张 14　字数 252 千字
版次印次	2024 年 12 月第 1 版　2024 年 12 月第 1 次印刷
定　　价	62.00 元

(图书出现印装质量问题，本社负责调换)

前言

当前,中国经济正处于转型升级的关键时期,要突破全球价值链低端锁定,提升产业链供应链现代化水平,畅通内外双循环,实现高质量发展,必须坚持创新驱动发展战略,全面形成发展新优势。在实施创新驱动发展战略的过程中,我国政府高度重视提升企业的自主创新能力,供应链企业之间的协同创新也受到越来越多的关注,成为中国经济转型升级的重要动力源泉。在推动供应链协同创新的过程中,以应收应付款项为代表的商业信用作为供应链内部企业之间资金流通的主要形式,是上下游企业技术创新重要的资金来源,但是由于商业信用规模较小且期限较长(拖欠账款),致使供应链内部企业之间的资金配置效率较低,形成流通阻滞,阻碍了供应链协同创新的发展。因此,扩大商业信用规模,缩短商业信用期限,进而改善上下游企业之间的商业信用,对于促进供应链协同创新至关重要。近年来,风险投资行业不断发展,对于企业的影响也开始向企业所在的供应链逐渐溢出。风险投资行业强大的资金储备能力、丰富的社会网络资源、良好的认证功能以及优秀的监督治理能力,必然会对内生于供应链的商业信用产生积极作用,从而进一步对供应链协同创新产生影响。因此,本书基于上述背景,将风险投资、商业信用与供应链

协同创新纳入一个框架内,深入系统地研究风险投资能否改善信用从而促进供应链协同创新。

围绕上述问题,本书选取 2005—2019 年沪深 A 股上市公司数据为样本,以实证研究为主、规范研究为辅,将定性分析与定量分析相结合展开研究。在研究过程中,首先,从供给方的视角研究风险投资对于商业信用规模与期限的影响;其次,从需求方的视角研究风险投资对于商业信用规模与期限的影响;最后,在结合上述研究的基础上,通过改善商业信用,风险投资能否促进供应链协同创新。经过一系列理论和实证分析主要得出了以下几点结论。

第一,风险投资可以增加企业的商业信用供给规模,缩短企业的商业信用供给期限,即风险投资可以改善企业—客户之间的商业信用。机制检验的结果表明,促进管理层股权激励的实施和提供资金支持是风险投资增加企业商业信用供给规模的作用渠道,而降低客户集中度是风险投资缩短企业商业信用供给期限的作用渠道。

第二,风险投资可以增加企业的商业信用融资规模,缩短企业的商业信用融资期限,即风险投资可以改善供应商—企业之间的商业信用。机制检验的结果表明,促进企业实施进攻型战略和降低供应商集中度是风险投资增加企业商业信用融资规模的作用渠道,而提高企业诚信水平是风险投资缩短企业商业信用融资期限的作用渠道。

第三,风险投资不仅可以促进供应商—企业之间的协同创新,即提高企业与供应商彼此的技术创新水平,还可以促进企业—客户之间的协同创新,即提高企业与客户彼此的技术创新水平,并且最终提高了企业所在的供应链整体技术创新水平。机制检验的结果表明,从供应商—企业的视角来看,一方面,风险投资可以促使供应商提供更多的商业信用,增加商业信用融资规模,促进企业的技术创新;另一方面,风险投资可以促使企业及时偿还账款,缩短商业信用融资期限,促进供应商的技术创新,从而风险投资可以通过改善供应商—企业之间的商业信用进而促进二者的协同创新。从企业—客户的视角来看,一方面,风险投资可以促使企业提供更多的商业信用,增加商业信用供给规模,促进客户技术创新;另一方面,风险投资可以促使客户及时偿还账款,缩短商业信用供给期限,促进企业的技术创新,从而风险投资可以通过改善企业—客户之间的商业信用进而促进二者的协同创新。最终,风险投资提高了供应链整体的技术创新水平,通过改善商业信用促进了供应链协同创新。

基于本书的研究工作与研究结论,本书的创新点有如下三点。

第一,本书研究风险投资对商业信用与供应链协同创新的影响,从商业信用、供应链协同创新等视角丰富了风险投资的经济后果研究,为风险投资对供应链的积极影响提供了经验证据,弥补了现有的研究空白,是对相关领域文献的有益补充。

第二,本书将商业信用供需双方的规模与期限放在同一个框架内考察风险投资对商业信用供需双方的影响,不仅可以厘清风险投资影响商业信用的微观机制,也可以避免研究的片面性,为商业信用方面的研究提供更好的研究范式。

第三,本书利用上市公司披露的供应商和客户信息通过计算机程序与国家知识产权局发布的中国专利数据库进行匹配,得到了上市公司供应商与客户的相关专利数据,并以供应链中的资金流—商业信用为切入点,研究了风险投资如何通过改善商业信用来促进供应链协同创新。本书采用的数据搜集方式,可以避免问卷调查等现有文献常用的数据搜集方式可能产生的不良影响,为如何实证研究供应链协同创新提供了新思路,而以供应链中的资金流—商业信用为切入点,也从新的视角为如何促进供应链协同创新提供了新思路。

著者现工作于徐州工程学院,本书获徐州工程学院学术著作资助出版,在此深表感谢。由于著者的能力和水平有限,书中研究难免存在纰漏,在此恳请学界、业界专家批评指正。

著 者

2024 年 3 月

目录
Contents

第1章 绪论 ··· 1
1.1 概述 ··· 3
1.2 研究思路与研究内容 ··································· 7
1.3 研究框架 ·· 9
1.4 创新之处 ·· 11

第2章 文献综述 ·· 13
2.1 风险投资文献回顾 ····································· 15
2.2 商业信用文献回顾 ····································· 25
2.3 供应链协同创新文献回顾 ···························· 35
2.4 文献述评 ·· 37

第3章 风险投资、商业信用与供应链协同创新现状分析 ········ 39
3.1 风险投资现状分析 ····································· 41

3.2 商业信用现状分析 ································ 43
3.3 供应链协同创新现状分析 ·························· 47
3.4 风险投资、商业信用与供应链协同创新的关联特征 ········ 51
3.5 本章小结 ······································· 53

第4章 风险投资与商业信用——基于供给方的视角 ········· 55
4.1 引言 ··· 57
4.2 理论分析与研究假说 ······························ 58
4.3 研究设计 ······································· 62
4.4 实证结果及分析 ·································· 67
4.5 机制检验 ······································· 77
4.6 异质性分析 ····································· 81
4.7 本章小结 ······································· 88

第5章 风险投资与商业信用——基于需求方的视角 ········· 91
5.1 引言 ··· 93
5.2 理论分析与研究假说 ······························ 94
5.3 研究设计 ······································· 100
5.4 实证结果及分析 ·································· 105
5.5 机制检验 ······································· 116
5.6 异质性分析 ····································· 120
5.7 拓展性分析 ····································· 129
5.8 本章小结 ······································· 130

第6章 风险投资与供应链协同创新——商业信用的中介作用 ········ 133
6.1 引言 ··· 135
6.2 理论分析与研究假说 ······························ 136

6.3 研究设计 ·· 140
6.4 实证结果及分析 ·· 145
6.5 机制检验 ·· 153
6.6 异质性分析 ··· 156
6.7 本章小结 ·· 161

第 7 章　结论与展望 ·· 163
7.1 研究结论 ·· 165
7.2 政策建议 ·· 168
7.3 研究展望 ·· 170

参考文献 ·· 171

附录　倾向得分匹配变量均衡性检验结果 ································ 196

第1章

绪论

1.1 概述

1.1.1 研究背景

当前,中国经济正处于转型升级的关键时期,要突破全球价值链低端锁定,提升产业链供应链现代化水平,畅通内外双循环,实现高质量发展,必须坚持创新驱动发展战略,全面塑造发展新优势。企业作为技术创新的主体,在践行创新驱动发展战略的过程中,除了提高自身的创新能力之外,企业与供应链上下游企业之间的协同创新受到越来越多的关注。例如,在中美贸易摩擦中,美国从供应链下手,试图通过封锁以华为、中兴为代表的高新技术企业的供应链,遏制它们的创新能力。为此,华为、中兴等企业大力扶持国产供应链,为供应链上下游企业提供资金和技术支持,通过上下游企业协同创新补齐供应链短板,形成完整的供应链,实现供应链自主可控,从而促进供应链产业链升级。由此可见,供应链上下游企业协同创新已经成为经济转型升级的重要动力源泉。《国内贸易流通"十三五"发展规划》《关于开展供应链创新与应用试点的通知》《关于开展供应链体系建设工作的通知》《关于积极推进供应链创新与应用的指导意见》《关于开展全国供应链创新与应用示范创建工作的通知》等一系列重要文件的出台,更是从顶层设计的角度确立了现代化供应链在企业技术创新中的关键作用。

随着现代社会化生产方式的逐渐深入,市场竞争已经不仅仅是单一企业之间的相互竞争,更是供应链与供应链之间的相互竞争。供应链上下游企业开展协同创新,可以实现资源和信息的共享、成本和风险的共担,是提升供应链核心竞争力的决定性因素。在推动供应链协同创新的过程中,以应收应付款项为代表的商业信用作为供应链内部企业之间资金流通的主要形式,不仅反映了供应链内部企业之间的业务关联与依赖,更是供应链内部企业之间资金配置效率的镜像,是上下游企业技术创新重要的资金来源。因此,扩大上下游企业之间的商业信用规模,为企业的技术创新提供更多的资金支持,同时促使企业及时偿还账款,确保供应链上的资金通畅,对于推动供应链协同创新至关重要。然而,从实务中看,商业信用在供应链上下游流通的过程中仍然存在规模小、期限长等问题。

首先,与发达国家相比,我国的商业信用规模相对较小。根据 Rajan 等(1995)的测算,美国、英国、日本、德国和法国等国外企业提供的商业信用占总资产的平均比例分别为 18%、22%、23%、27% 和 29%,而我国企业商业信用占总资产的平均比例不足 15%(李泽广 等,2020)。其次,我国商业信用逾期现象较为严重,商业信用期限较长。国际信用保险及信用管理服务机构科法斯(2020)发布的《2020 中国企业付款调查》显示,目前中国企业正承受商业信用期限延长的压力,2019 年超过 60% 的受访企业遭遇过商业信用逾期。大型企业对中小企业支付不及时、货款拖欠现象日益突出,是造成中小企业资金紧缺的重要原因。为此,2020 年 7 月,国务院出台《保障中小企业款项支付条例》,以保障中小企业款项的支付。

一方面,下游企业故意拖欠账款,占用上游企业的流动性资金;另一方面,为了避免财务风险,上游企业又会及时减少商业信用的供给,从而形成恶性循环,降低了供应链内部企业之间的资金配置效率,形成流通阻滞(宋华 等,2017)。为此,国家出台了《关于推动供应链金融服务实体经济的指导意见》《关于规范发展供应链金融 支持供应链产业链稳定循环和优化升级的意见》等一系列措施,意图通过发展供应链金融,利用应收票据融资、应收账款融资等方式解决供应链的资金占用问题,改善上下游企业的商业信用,打通供应链上资金的流通阻滞,以促进上下游企业协同发展。目前我国供应链金融的发展仍然处于起步阶段,有待进一步发展。因此,如何提高商业信用规模,缩短商业信用期限,从而改善供应链上下游企业之间的商业信用,进一步发挥商业信用在当前供应链协同创新中的积极作用,仍然是当前亟待解决的问题。

在供应链上下游企业中,扩大商业信用规模,不仅依赖于供给方提供商业信用的动机与能力,还依赖于需求方对商业信用的需求程度与获取能力;而缩短商业信用期限,不仅依赖于供给方对应收货款的收取能力,还依赖于需求方的诚信水平。风险投资作为资本市场的重要组成部分,在过去 30 多年的发展中,由最初致力于为中小企业自主创新与发展服务,到如今全面支持国家经济发展,不仅活跃于企业上市前的投资阶段,还以价值投资者的身份积极投资上市后的企业,其积极效应也逐渐由企业向着企业所在的供应链等纵深方向溢出(《2019 中国 CVC 行业发展报告》)。风险投资强大的资金储备能力、丰富的社会网络资源、良好的认证功能以及优秀的监督治理能力,也必然也会改变上述商业信用规模与期限的影响因素。

首先,一方面,风险投资追求高风险高收益,关注新产品的开发以及新市场的开拓,这会增加企业对于商业信用融资的需求;另一方面,风险投资具有丰富的社会网络资源,有助于企业拓宽供应商渠道,提高与供应商的相对议价能力,这会增强企业获得商业信用融资的能力,从而增加企业的商业信用融资规模。其次,一方面,风险投资为了保证投资收益会通过监督治理被投企业以提高经营业绩,这会增强企业提供商业信用的动机;另一方面,风险投资可以为企业带来更多的外部融资,这会提升企业提供商业信用的能力,从而增加企业的商业信用供给规模。最后,一方面,风险投资丰富的社会网络资源有助于企业拓宽销售渠道,提高企业与客户的相对议价能力,进而提高应收款项的收取能力,减少客户的"敲竹杠"行为,这会缩短企业的商业信用供给期限;另一方面,风险投资具有优秀的监督治理能力,同时风险投资十分注重自己的声誉,会改善企业的短视倾向,促使企业诚信经营,及时支付应付款项,提高应付款项的偿还意愿,这会缩短企业的商业信用融资期限。

上述分析表明,从供应商—企业的视角来看,风险投资可以使企业从供应商处获得更多的商业信用融资,这为企业的技术创新活动提供了资金支持,而企业亦会及时偿还应付账款,不会恶意占用供应商的流动资金,这亦会改善供应商的现金流状况,促进供应商的技术创新,从而风险投资可以改善二者之间的商业信用,提升彼此的技术创新水平,促进二者协同创新。从企业—客户的视角来看,风险投资会促使企业向客户提供更多的商业信用,这为客户的技术创新活动提供了资金支持,而客户及时偿还账款,不会恶意占用企业的流动资金,这亦会改善企业的现金流状况,促进企业的技术创新,从而风险投资可以改善二者之间的商业信用,提升彼此的技术创新水平,促进二者协同创新。最终,风险投资可以提升整个供应链的创新水平。

然而,国内外关于风险投资、商业信用与供应链协同创新的研究相对匮乏,三者之间的关系究竟如何,有待进一步系统研究。随着风险投资的影响逐渐向供应链等纵深方向溢出,对学术研究也提出了新的要求。如果学术研究脱节实务,必将失去其价值。基于上述考虑,本书在现实背景与理论研究的基础上,将风险投资、商业信用与供应链协同创新纳入一个框架内,深入系统地研究风险投资能否通过改善商业信用从而促进供应链协同创新,以期对当前风险投资、商业信用、供应链协同创新等相关领域的学术研究与实务工作有所贡献。

1.1.2 研究意义

根据上述研究背景,本书主要研究风险投资能否通过改善商业信用促进供应链协同创新,由此得出的研究结论具有以下学术意义和现实意义。

首先,本书的研究为风险投资对供应链的积极影响提供了经验证据,弥补了现有研究空白,也为国家继续鼓励和支持风险投资的发展提供了依据。在过去 30 多年的发展中,风险投资由最初致力于为中小企业自主创新与发展服务,到如今全面支持国家经济发展,几乎覆盖了全部行业与全部生命周期的企业,已经逐渐成为中国经济创新发展中越来越重要的推动力量。风险投资的资金、能力和经验对激活行业发展潜力具有重要意义。随着风险投资的影响逐渐向供应链等纵深方向溢出,本书研究风险投资对商业信用与供应链协同创新的影响,一方面,为相关学术研究提供了紧跟时代发展的研究视角,弥补了现有研究空白;另一方面,相关研究结论对风险投资的资金储备、能力储备和经验储备等优势给予了充分肯定,为国家继续鼓励和支持风险投资的发展提供了依据。

其次,本书的研究对提高供应链内部企业之间的资金配置效率、建立良好的商业信用体系具有重要的参考意义。商业信用是供应链内部企业之间资金流通的主要形式,然而在实务中,期限长、规模小等问题依然突出,甚至由此在供应链企业之间形成恶性循环,降低了供应链内部企业之间的资金配置效率,形成了流通阻滞。在供应链中,一个企业既可能是供应商,向下游客户提供商业信用,也可能是客户,从上游供应商处获得商业信用。本书试图以风险投资所投企业作为切入点,从其作为供给方与需求方的视角来系统分析风险投资对所投企业的商业信用供给及其期限、商业信用融资及其期限,深入探索商业信用的基本特征和规律。本书的研究结论有助于从风险投资的视角为商业信用发展中可能遇到的问题找到解决思路,从而有助于扩大商业信用规模,缩短商业信用期限,促使商业信用在供应链内部企业之间形成良性循环,提高资金配置效率,推动良好商业信用体系的建立。

最后,本书的研究为如何有效促进供应链协同创新,进而突破全球价值链低端锁定,提升产业链供应链现代化水平,畅通内外双循环,实现高质量发展提供了新的视角与思路。供应链协同创新作为中国经济转型升级的重要动力源泉，对实现高质量发展至关重要。商业信用作为供应链企业之间资金流通的主要形式，是供应链上下游企业技术创新的重要资金来源，因此确保供应链资金流通顺畅，是供应链协同创新的基础。本书的研究表明，风险投资有助于改善供应链企业之间的商业信用，从而促进供应链企业之间的协同创新。所以，通过发展风险投资、改善商业信用，可以为供应链上下游企业技术创新提供资金支持，促进彼此的创新，进而提高供应链整体的竞争实力，最终有利于提升产业链供应链现代化水平，畅通内外双循环，实现高质量发展。

1.2 研究思路与研究内容

1.2.1 研究思路

本书主要研究风险投资能否通过改善商业信用促进供应链协同创新。首先，本书研究了风险投资能否改善商业信用，在研究风险投资对商业信用的影响时，分别从供给方与需求方的视角研究风险投资对企业商业信用规模与期限的影响。其次，本书以商业信用作为影响渠道，分析了通过改善商业信用，风险投资能否促进供应链协同创新。

1.2.2 研究内容

依据研究思路，本书共计七章，各章涵盖内容如下所述。

第1章是绪论。本章首先介绍了研究背景，提出了研究问题，揭示了研究意义；其次介绍了研究思路、研究内容；再次着重描述了根据研究思路与内容而构建的研究框架；最后介绍了研究创新之处。

第2章是有关风险投资、商业信用与供应链协同创新的文献综述。本章主要梳理了关于风险投资、商业信用与供应链协同创新的国内外相关文献，对研究现状进行整理归纳，在此基础上分析了当前的研究缺口，归纳了可拓展之处。

第3章是对风险投资、商业信用与供应链协同创新的现状分析。本章首先从风险投资、商业信用与供应链协同创新三个方面进行了描述性分析，其次进一步分析了三者之间的关联特征，以便大致把握风险投资、商业信用与供应链协同创新之间的相关关系。

第 4 章是基于供给方的视角研究风险投资对企业商业信用的影响。本章在理论分析的基础上结合微观企业数据研究风险投资对企业商业信用供给规模以及商业信用供给期限的影响。在理论分析过程中，主要结合竞争假说以及再分配假说，从企业提供商业信用的动机与能力的视角，分析风险投资如何影响企业的商业信用供给规模，并从客户集中度的视角分析风险投资如何影响企业的商业信用供给期限。在实证研究过程中，首先，利用单变量检验以及多元回归模型研究风险投资对企业商业信用供给规模以及商业信用供给期限的影响，并利用倾向得分匹配、工具变量、GMM 动态面板回归、剔除金融危机期间样本、更换被解释变量衡量方式等方法对研究结论进行检验。其次，在证明了研究结论的稳健性后，利用中介效应模型考察风险投资对企业商业信用供给规模以及商业信用供给期限的影响机制。最后，基于风险投资与企业两个视角进行异质性分析，利用多元回归模型研究风险投资的异质性特征对企业商业信用供给规模以及商业信用供给期限的影响，利用分组回归模型和调节效应模型研究风险投资在不同异质性特征的企业中对商业信用供给规模以及商业信用供给期限的影响。

第 5 章是基于需求方的视角研究风险投资对企业商业信用的影响。本章在理论分析的基础上结合微观企业数据研究风险投资对企业商业信用融资规模以及商业信用融资期限的影响。在理论分析过程中，主要结合替代性融资假说以及买方市场假说，从企业对商业信用融资的需求与获取能力的视角，分析风险投资如何影响企业的商业信用融资规模，并从企业诚信的视角分析风险投资如何影响企业的商业信用融资期限。在实证研究过程中，首先，利用单变量检验以及多元回归模型研究风险投资对企业商业信用融资规模以及商业信用融资期限的影响，并利用倾向得分匹配、工具变量、GMM 动态面板回归、联立方程估计、剔除金融危机期间样本、更换被解释变量衡量方式等方法对研究结论进行检验。其次，在证明了研究结论的稳健性后，利用中介效应模型考察风险投资对企业商业信用融资规模以及商业信用融资期限的影响机制。最后，基于风险投资与企业两个视角进行异质性分析，利用多元回归模型研究风险投资的异质性特征对企业商业信用融资规模以及商业信用融资期限的影响,利用分组回归模型和调节效应模型检验研究风险投资在不同异质性特征的企业中对商业信用融资规模以及商业信用融资期限的影响。

第6章是风险投资与企业供应链协同创新——商业信用的中介作用研究。本章在理论分析的基础上结合微观企业数据研究风险投资、商业信用对企业供应链协同创新的影响。在理论分析的过程中,首先从供应商—企业的视角,分析风险投资如何通过改善二者之间的商业信用进而促进二者之间的协同创新,其次从企业—客户的视角,分析风险投资如何通过改善二者之间的商业信用进而促进二者之间的协同创新,最后分析风险投资对供应链整体技术创新水平的影响。在实证研究过程中,首先利用多元回归模型研究风险投资对供应链上下游企业技术创新的影响,并利用倾向得分匹配、工具变量、更换被解释变量衡量方式等方法对研究结论进行稳健检验。其次在证明了研究结论的稳健性后,利用中介效应模型考察改善商业信用对风险投资促进供应链协同创新路径的影响。最后基于风险投资与企业两个视角进行异质性分析,利用多元回归模型研究风险投资的异质性特征对供应链企业技术创新的影响,利用调节效应模型研究风险投资在不同异质性特征的企业中对供应链上下游企业技术创新的影响。

第7章是结论与展望。本章通过总结归纳出本书的主要研究结论,并提出相应的政策建议,并对下一步的研究进行了展望。

1.3　研究框架

根据研究内容,本书的技术路线如图1-1所示。从图1-1可以看出,本书的研究主要分为四个阶段。第一个阶段,根据研究背景,提出本书的研究问题,即本书第1章的内容。第二个阶段,梳理相关文献,总结研究现状,找出研究空白,在此基础上对风险投资、商业信用与供应链协同创新三个方面进行现状分析,初步把握三个方面之间的相关关系,即本书第2章和第3章的内容。第三个阶段,是本书的核心内容,分别从供给方与需求方的视角实证研究风险投资如何影响商业信用,在此基础上,实证研究风险投资能否通过改善商业信用促进供应链协同创新,即本书第4章、第5章和第6章的内容。第四个阶段,根据研究内容,总结研究结论,给出政策建议,进行研究展望,即本书第 7 章的内容。

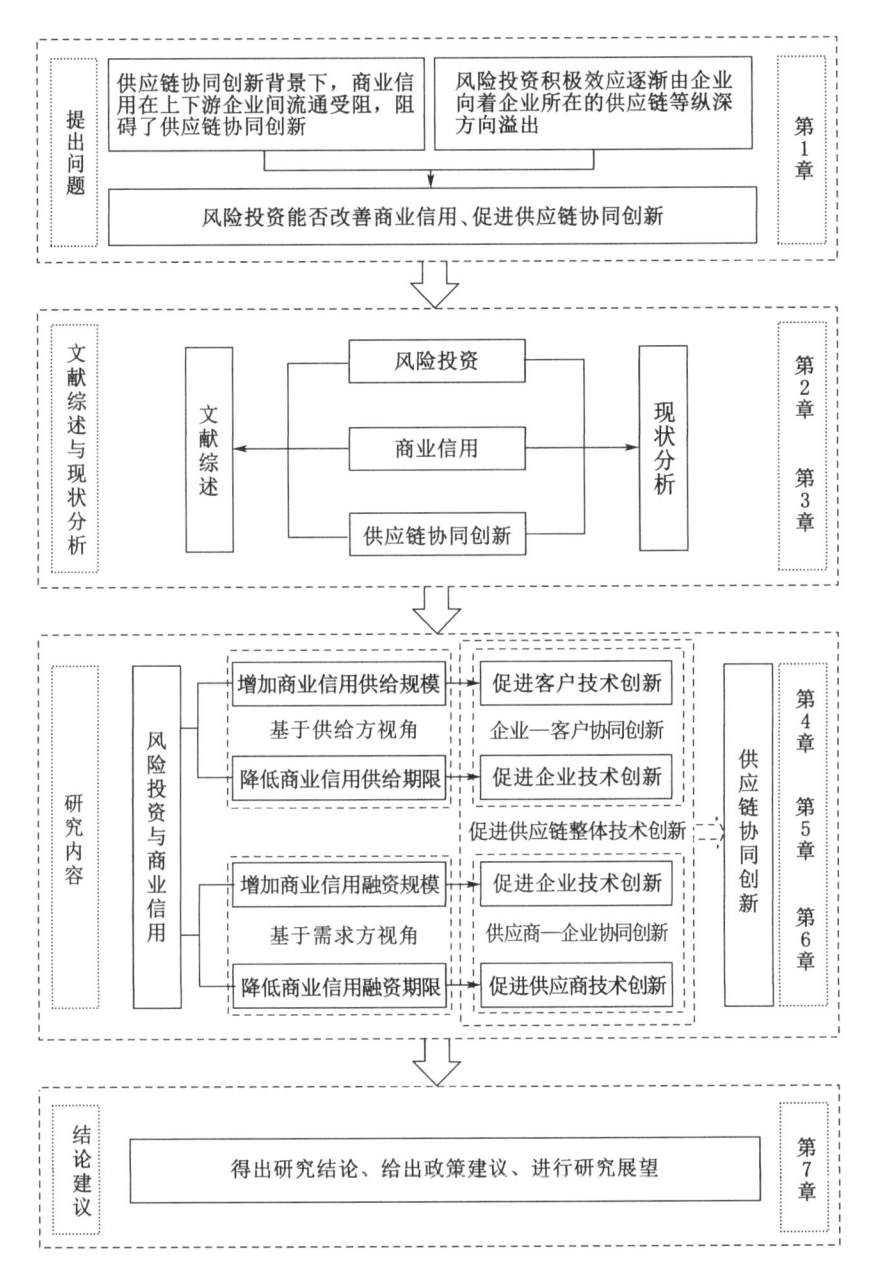

```
┌─────────────────────────────────────────────────────────────────┐
│ 提出问题                                                   第1章 │
│   供应链协同创新背景下,商业信用    风险投资积极效应逐渐由企业   │
│   在上下游企业间流通受阻,阻       向着企业所在的供应链等纵深   │
│   碍了供应链协同创新              方向溢出                     │
│                                                                 │
│         风险投资能否改善商业信用、促进供应链协同创新             │
└─────────────────────────────────────────────────────────────────┘
                              ▽
┌─────────────────────────────────────────────────────────────────┐
│ 文献综述与现状分析                                    第2章 第3章│
│                    ┌─ 风险投资 ─┐                               │
│            文献综述 ┼─ 商业信用 ─┼ 现状分析                     │
│                    └─供应链协同创新─┘                           │
└─────────────────────────────────────────────────────────────────┘
                              ▽
┌─────────────────────────────────────────────────────────────────┐
│ 研究内容                                          第4章 第5章 第6章│
│        ┌─增加商业信用供给规模─┬─促进客户技术创新─┐              │
│        │   基于供给方视角      │ 企业—客户协同创新 │             │
│  风险   ├─降低商业信用供给期限─┼─促进企业技术创新─┤  供应链      │
│  投资与 │   促进供应链整体技术创新                 │  协同创新    │
│  商业   ├─增加商业信用融资规模─┬─促进企业技术创新─┤              │
│  信用   │   基于需求方视角      │ 供应商—企业协同创新│           │
│        └─降低商业信用融资期限─┴─促进供应商技术创新─┘            │
└─────────────────────────────────────────────────────────────────┘
                              ▽
┌─────────────────────────────────────────────────────────────────┐
│ 结论建议       得出研究结论、给出政策建议、进行研究展望    第7章 │
└─────────────────────────────────────────────────────────────────┘
```

图 1-1 技术路线图

1.4 创新之处

本书的研究主题为风险投资、商业信用与供应链协同创新,已有的研究分别对风险投资、商业信用、供应链协同创新三个方面进行了大量有意义的探索。综合来看,既有的研究主要存在以下不足之处。第一,随着风险投资的不断发展,风险投资的积极影响逐渐由企业向着企业所在的供应链等纵深方向溢出,但是在风险投资的经济后果方面,以往的学术研究主要关注技术创新、IPO抑价、企业绩效以及企业价值等方面,鲜有文献关注风险投资对商业信用、供应链协同创新的影响,该领域仍存在研究空白。第二,关于商业信用的研究大多孤立地关注某一个或某几个变量的考察,很难对商业信用形成系统性认识。商业信用活动内生于供应链,是一个复杂过程。对于供给方而言,提供的商业信用规模与商业信用期限都是需要考虑的问题;对于需求方而言,能够获得的商业信用规模与商业信用期限也是需要考虑的问题。第三,关于供应链协同创新方面的研究主要以信息流为切入点,鲜有文献以现金流作为研究视角,而且实证研究相对较少,实证数据的搜集主要通过问卷调查获得。这一现象的原因在于上市公司在披露供应商与客户的信息时,披露的信息极少,而且大多数供应商与客户均为非上市公司,难以获得详细的创新数据,因而没有现成的数据库可供使用。本书的主要创新之处如下所述。

第一,本书研究风险投资对商业信用与供应链协同创新的影响,从商业信用、供应链协同创新等视角丰富了风险投资的经济后果研究;将风险投资的积极作用由所投企业拓展至企业所在供应链,为风险投资对供应链的积极影响提供了经验证据,弥补了现有研究的空白,是对相关领域文献的有益补充。

第二,本书将商业信用供需双方的规模与期限放在同一个框架内考察风险投资对其的影响,不仅可以厘清风险投资影响商业信用的微观机制,还可以避免研究的片面性,为商业信用方面的研究提供更好的研究范式。

第三,本书利用上市公司披露的供应商和客户信息通过计算机程序与国家知识产权局发布的中国专利数据库进行匹配,得到了上市公司供应商与客户的相关专利数据,并以供应链中的资金流—商业信用为切入点,研究了风险投资如何通过改善商业信用来促进供应链协同创新。本书数据的搜集方式,可以避免问卷调查可能产生的不良影响,为如何实证研究供应链协同创新方面提供了新的思路;以供应链中的资金流—商业信用为切入点,从新的视角为如何促进供应链协同创新提供了思路,这将有助于突破全球价值链低端锁定,提升产业链供应链现代化水平,从而实现企业高质量发展。

▶ 第 2 章

文献综述

本书的研究主题为风险投资、商业信用与供应链协同创新,研究的核心问题为风险投资能否改善商业信用促进供应链协同创新。因此,有必要在研究之初对风险投资、商业信用与供应链协同创新等方面的国内外文献进行整理归纳,在此基础上分析当前的研究缺口,归纳可拓展之处,为后续研究奠定理论基础。

2.1 风险投资文献回顾

风险投资最早出现于19世纪末的美国,1946年成立的美国研究与开发公司,标志着现代风险投资产业发展的开端。风险投资为美国的经济增长以及科技进步发挥了重要的作用,不仅培育出亚马逊、微软以及英特尔等世界顶尖的公司,而且不断地引领着全世界科技的创新与革命。我国风险投资行业的发展,虽然最初在一定程度上借鉴了国外经验,但是其发展紧紧围绕如何更好地服务我国的经济发展这条主线展开,政府出台的一系列鼓励政策是其发展的重要推动力。具体而言,我国的风险投资发展历程大致可以分为四个阶段。

第一阶段为风险投资的起步阶段(1985—1995年)。党的十二大以后,为了适应逐步展开的城乡经济体制改革,科学技术体制也要进行相应改革。为了解决科学技术研究的经费问题,1985年出台的《关于科学技术体制改革的决定》,提出通过发展风险投资以推动高新技术产业发展,这标志着我国风险投资产业发展的开端。1986年,中国新技术创业投资公司经国务院批准成立,此后国家相继出台了一系列政策和规定鼓励和支持风险投资机构和基金的建立,但是由于法律法规不完善、资本市场欠发育、退出方式不健全等,我国风险投资质量有待提升,风险投资事业发展缓慢。

第二阶段为风险投资的兴起阶段(1996—2004年)。伴随着改革开放和社会主义市场经济的发展,科技作为第一生产力在经济建设和社会发展中的关键作用尚未得到充分发挥,科技投入总量亟待提高,对于风险投资的客观需求日益增加,风险投资兴起的条件也逐渐成熟。1996年国务院出台《关于"九五"期间深化科技体制改革的决定》,指出要发展风险投资事业以推动科技成果转化,而1998年全国政协九届一次会议上的提案——《关于加快发展我国风险投资事业的几点意见》受到了政府部门和业界的广泛关注,进一步推动了风险投资事业的发展。但从2001年开始,风险投资行业进入了短暂的调整期,呈现缓慢发展态势。

第三个阶段为风险投资的繁荣阶段(2005—2011年)。伴随着股权分置改革的基本完成、《中华人民共和国合伙企业法》的修订等一系列鼓励政策的相继出台,加之中小板以及创业板的相继成立,不仅提高了对于风险投资的需求,更为风险投资的退出提供了丰富的渠道,这在推动本土风险投资繁荣发展的同时,也吸引了大量的国外风险投资进入我国风险投资市场。大量资本的涌入,促使风险投资行业高速扩张,开始呈现出网络化、集团化等趋势。

第四个阶段为风险投资的规范发展阶段(2012年至今)。随着创新驱动发展战略的实施,我国政府不断重视科技创新,旨在通过科技创新推动产业升级,实现高质量发展。风险投资作为推动科技创新的重要资本力量,这一阶段已经相对成熟,在投资过程中,除了提供资金支持外,还会为企业提供行业经验、监督治理等增值服务,风险投资的运行机制更为完善,发展也更加规范。

在过去30多年的发展中,风险投资由最初致力于为中小企业自主创新与发展服务,到如今全面支持国家经济发展,几乎覆盖了全部行业与企业的全部生命周期。风险投资在促进企业技术创新、缓解融资约束、提升企业价值、改善公司治理等方面发挥了重要的作用。近年来,随着风险投资的不断发展,风险投资机构不仅活跃于企业上市前的投资阶段,还以价值投资者的身份积极投资上市后的企业。风险投资的积极效应逐渐由企业向着企业所在的供应链等纵深方向溢出。

尽管如此,风险投资尚未有统一的定义。美国风险投资协会在其官方报告中指出:风险投资是由专业的机构投资者对具有发展前景和创新性的企业所进行的一种股权投资。中国风险投资研究院在《中国风险投资年鉴》中指出:风险投资也称创业投资,是一种专业的、组合的、权益性的、长期的、高风险的投资,主要用于推动高新技术产业化、促进科技成果转化为生产力以及支持创新者创业等方面。

结合风险投资的发展历程以及上述概念可知,尽管风险投资尚未有统一的概念,但是国内外学术界和实务界对于风险投资的一致认识是,风险投资既是机构投资者,也是股权投资者,喜欢投资于高风险、高回报的投资项目。

2.1.1 风险投资的增值作用

风险投资作为股权融资的一种,不仅能为企业的发展提供外部融资,更为重要的是还能为企业提供增值服务。已有的研究主要关注以下三个方面的风险投资增值服务:监督治理、认证功能和社会网络(董静 等,2017;李善民 等,2019)。

2.1.1.1 监督治理

风险投资进入被投企业后,通过参与公司的监督治理,能够缓解被投企业管理层因追逐私利等原因而产生的委托代理问题,从而提高公司治理水平,这也是现有文献中广泛研究的增值服务(李善民 等,2019)。

Fama 等(1983)以及 Williamson(1983)指出,企业管理层监督治理的需求不同是企业董事会构成不同的重要原因。风险投资如果对被投企业管理层的监督治理需求越高,那么风险投资列席被投企业董事会的概率也就越大(Barney et al.,1989)。Lerner(1995)研究发现,当被投企业在融资周期内发生首席执行官变更时,为了防止企业的管理层出现组织危机,风险投资对被投企业的监督需求会增加,因而会通过增加列席董事会成员的数量以加强监督。Baker 等(2003)进一步发现,风险投资列席董事会席位主要以外部独立董事为主,风险投资会显著增加被投企业董事会中外部独立董事的数量,并且风险投资的声誉越高,外部独立董事的数量也就越多。由此可见,风险投资主要通过派驻代表列席董事会的方式参与企业的监督治理。

在参与企业监督治理的过程中,风险投资主要通过人力资源管理、企业发展规划以及信息披露等提高公司治理水平。首先,在人力资源管理方面,风险投资主要通过制定人力资源策略、实施管理层激励计划以及更换管理层等措施改善公司治理,而且风险投资的监督治理作用在公司成立的早期阶段更加显著(Hellmann et al.,2002;王会娟 等,2012;Gompers et al.,2020)。其次,在企业发展规划方面,Kaplan 等(2004)指出,风险投资不仅在被投企业管理层的任用方面发挥着重要作用,还会利用自身优势,向管理层提供建议,帮助所投企业把握行业的发展方向,制定长期的发展战略。最后,在信息披露方面,风险投资可以显著降低被投企业的信息披露成本(Guo et al.,2004)、降低盈余管理水平(Morsfield et al.,2006;陈祥有,2010)、抑制内部缺陷(李越冬 等,2019),进而提高信息披露水平,使企业的信息透明度更高。

尽管风险投资可为被投企业提供监督治理服务,但是其监督治理水平也存在差异。Campbell 等(2009)研究发现,风险投资的质量是影响其监督治理水平的重要因素,在企业首次公开募股(IPO)期间,相较于没有风险投资参与企业,有风险投资参与的企业的治理结构受到了更严格的监督,而且风险投资的质量越高,监督治理水平也就越高,而风险投资的退出,也会显著降低公司治理水平。除了风险投资的质量,监督治理成本也是影响其监督治理水平的重要因素。Bernstein 等(2016)以风险投资所在地与被投企业所在地之间的新航线开通作为准自然试验,研究风险投资的监督治理作用,结果表明,新航线的开通降低了时间成本,因而风险投资参与被投企业经营管理的程度更高,监督治理作用也更强。

2.1.1.2 认证功能

风险投资具有良好的声誉,能够向外界传达其所投企业质量良好的积极信号,帮助缓解企业与外界的信息不对称问题。Megginson 等(1991)首次提出风险投资的认证功能,认为企业与外部投资者之间存在信息不对称的问题,风险投资等第三方机构的介入,可以有效缓解二者之间的信息不对称问题。风险投资非常重视自身的声誉,因为良好的声誉能够提升风险投资在投资和融资过程中的竞争力,风险投资如果进行虚假认证,那么虚假认证的收益会远低于声誉受损造成的损失,因此,风险投资能够对企业的质量和价值具有良好认证的作用(吴超鹏 等,2012)。企业在对外披露信息时,出于保护商业机密、节约披露成本以及隐藏不利消息等原因,往往存在信息披露不足或者只披露对企业有利信息等问题。风险投资作为第三方机构,在选择投资企业时,有着严格的筛选流程和丰富的筛选经验,往往能够选择出质量良好的企业。另外,风险投资具有监督治理能力,会提升企业信息披露的质量。因此,对普通外部投资者而言,有风险投资背景的企业,通常意味着有着良好的发展前景。因此,无论企业是在 IPO(Stuart et al.,1999;Hsu,2004;张学勇 等,2014;李曜 等,2015;李曜 等,2016;Jeppsson,2018)、投融资活动过程中(吴超鹏 等,2012;胡刘芬 等,2018;宋贺 等,2019;武龙,

2019)还是在技术创新活动(Cho et al.,2013;陈思 等,2017)过程中,都表现出良好的认证作用。

良好的声誉对风险投资认证功能的可信度有着至关重要的影响(Dolvin et al.,2006;Krishnan et al.,2011),因此风险投资也有可能过分追求声誉。Gompers(1996)首次提出风险投资的逐名动机,认为风险投资的声誉是通过成功的投资和退出记录来积攒的,被投企业成功 IPO 是其良好声誉的重要表现,并且相较于成熟的风险投资,年轻的风险投资为了建立良好的声誉、获得更多的后续融资,更倾向于让所投企业尽早上市,甚至不惜以 IPO 抑价为代价。Lee 等(2004)发现,有风险投资参与的 IPO 相较于无风险投资参与的 IPO 能够获得更高的首日回报,并且更高的 IPO 抑价会使风险投资获得更多的后续融资,而年轻的风险投资和参与 IPO 较少的风险投资对被投企业的影响较小,这进一步印证了 Gompers(1996)的观点。陈工孟 等(2011)、贾宁 等(2011)、蔡宁(2015)亦从企业 IPO 过程中得到类似证据。

此外,也有学者发现,在特定情形下,风险投资的逐名动机可能会更加强烈。例如,Bertoni 等(2013)发现,相较于独立风险投资,企业风险投资有着更强烈的逐名动机。唐曼萍等(2019)发现,国有背景的风险投资注重技术创新,而非国有背景的风险投资以营利为主要目的,不关注创新,因而更容易产生逐名动机。Amor 等(2020)从风险投资并购退出的视角研究风险投资的认证功能,发现年轻的风险投资为了建立声誉,更愿意在并购退出的情况下接受较低的溢价,并在 IPO 退出的情况下承担更高的抑价成本。

2.1.1.3 社会网络

风险投资长期的投资经验积累了丰富的网络资源与人际关系,这些复杂的社会网络可以有效传递信息,帮助被投企业吸引到更多的异质性资源。

随着社会学、组织行为学、管理学以及经济学等学科的交叉与融合,社会网络理论为解释和研究经济学现象提供了新的范式,因而越来越受到学者们的重视。Granovetter(1985)指出,经济个体的行为特征将会受到其所处的社会网络的影响。由此可见,社会网络在风险投资行业中也占有重要地位,并且风险投资所具有的社会网络也会影响被投企业的经营决策。

Gorman 等(1989)指出,风险投资与猎头、律师、商业银行、投资银行等有着紧密的联系,当风险投资进入被投企业后,会利用自身的社会网络来帮助企业发展,因而风险投资的社会网络对被投企业的发展具有重要的积极作用(Barry et al.,1990;吴超鹏 等,2012;齐绍洲 等,2017;吴超鹏 等,2017;武龙,2019)。

Lerner(1994)进一步发现,风险投资在进行投资的过程中,更倾向于与其他风险投资进行联合投资,即辛迪加模式的风险投资。辛迪加模式的风险投资的社会网络会相互叠加,形成更大的社会网络(胡刘芬 等,2018),因此与单独风险投资相比具有许多优势。不同的风险投资机构所掌握的内部信息、专业技能以及行业知识不同,多家风险投资形成投资网络进行联合投资时,可以同时发挥各家风险投资的专长,为企业提供更多的增值服务(Hochberg et al.,2007;Tian,2012)。具体而言,风险投资会利用自身的网络来寻找潜在的合作伙伴、客户和供应商,通过与其他公司和专业人士的联系建立关系网是风险资本支持的公司的重要成功驱动力(Proksch et al.,2017)。此外,风险投资的社会网络还会对被投企业的董事会产生影响(Suchard,2009)。当风险投资进入被投企业后,会利用自身的社会网络为被投企业招聘新的员工,尤其是从他们的社会网络中引进优秀人才。与一般风险投资相比,成功且人脉广泛的风险投资从其关系网中招募的经理人和董事会成员明显多于那些不成功且人脉较少的风险投资,风险投资的社会网络规模越大,董事会的规模也就越大(Amornsiripanitch et al.,2019)。

也有学者从网络特征视角研究风险投资网络对于企业的影响。蔡宁等(2015)认为,风险投资之间通过联合投资形成的社会网络会随着风险投资参与数量的增加而扩大,社会网络的扩大会导致交流过程中信息节点的增加和信息量的扩大,产生信息传导效应。风险投资拥有较高的社会网络中心度,意味着风险投资能够获得的信息量也较多,具有的信息优势也相对较大,更有可能监督治理被投企业(孙淑伟 等,2018)。

虽然风险投资的社会网络可以帮助企业获得更多异质性资源,但是也会存在传染效应。蔡宁等(2017)认为,风险投资的社会网络具有传染效应,信息在社会网络中的传导,会导致社会网络中个体的行为趋同,而且这种传染效应会随着风险投资对被投企业控制力的增强而进一步加剧。何顶等(2019)发现,当风险投资参与的企业被中国证监会立案调查时,会导致风险投资的声誉受损,这种负面消息会通过风险投资的社会网络传递到风险投资所参与的其他公司,导致风险投资所参与的其他公司的股价也发生下跌。

并且,风险投资的声誉越高,中国证监会立案调查所产生的负面消息对风险投资所参与的其他公司的传染效应越强烈。

2.1.2 风险投资的经济后果

2.1.2.1 技术创新

风险投资最早起源于美国,风险投资为美国的经济增长以及科技进步发挥了重要的作用,因而风险投资对技术创新的影响引起了国内外学者的广泛关注。

众多学者发现,风险投资对企业技术创新具有正向的影响。有学者通过对美国 20 个行业近 30 年(1965—1992 年)时间跨度的数据进行实证研究,结果发现,风险投资可以增加企业的专利申请数量,1 美元的风险投资比 1 美元的传统企业研发投入在刺激专利申请方面的作用高出 3 倍左右。有学者在上述学者研究的基础上,将研究样本的年份扩充至 2001 年,仍然发现风险投资可以增加企业的专利申请数量,并且增加作用更强。风险投资主要通过以下几种方式促进企业技术创新。

第一,风险投资能够为企业技术创新提供必要的资金支持。技术创新是一项代价高昂的活动,高风险性与长周期性使得企业依靠内部融资难以支撑,另外与外部投资者的信息不对称,也会导致企业难以获得外部融资以支持技术创新(Stiglitz et al.,1981;Binks et al.,1996)。Sonne(2012)指出,由于银行以及小额信贷机构不愿为技术创新提供资金,因而在技术创新时企业会面临融资约束,而风险投资愿意为企业的技术创新提供必要的资金支持。Arvanitis 等(2014)认为,风险投资可以解决创新创业企业的融资约束问题,风险投资支持虽然承担高风险,但是作为交换,通常也会获得被投企业的一部分所有权。风险投资可以为技术创新提供长期的资金(齐绍洲等,2017),缓解企业的融资约束问题(陈三可 等,2019),进而促进企业的技术创新(苟燕楠 等,2014)。

第二,风险投资通过改善公司治理促进企业技术创新。Kaplan 等(2004)发现,风险投资不仅在被投企业管理层的任用方面发挥着重要作用,还会利用自身优势,向管理层提供建议,帮助被投企业把握行业的发展方向,制定合理的创新决策。齐绍洲等(2017)认为,风险投资具有监督治理职能,能够通过改善公司治理,提高创新水平。

第三,风险投资通过缓解信息不对称问题促进企业技术创新。企业的创新成果属于准公共产品,具有较强的正外部性,因而企业不会向外界完全披露研发细节(余明桂 等,2019),导致企业与外部投资者之间关于技术创新活动存在着较高的信息不对称问题。与普通外部投资者相比,风险投资具有丰富的背景知识、专业的筛选流程以及较强的监督治理能力,从而有助于缓解其与被投企业之间的信息不对称问题,推动技术创新活动的顺利进行(宋竞 等,2021)。

第四,风险投资通过提供研发资源促进企业技术创新。陈思等(2017)认为,风险投资可以促进创新,而且有外资背景、持股期限长以及联合投资的风险投资对技术创新的促进作用更加明显,引入研发人才、提供行业资源等是风险投资促进技术创新的潜在机制。

第五,风险投资对失败容忍度较高也会促进企业技术创新。付雷鸣等(2012)发现,风险投资对创新失败的容忍程度较高,可以促进企业研发投入,提升研发投入效率。Tian 等(2014)发现,在失败容忍度更高的风险投资的支持下,IPO 企业的创新能力显著提高,并且风险投资对失败的容忍度可能会内化为企业的文化,使得失败容忍度对创新的影响在风险投资退出IPO 企业后仍能持续较长时间。齐绍洲等(2017)认为,风险投资对失败容忍度高,会提高企业创新倾向。

另有学者认为,风险投资可能会抑制技术创新。Stuck 等(2005)、陈见丽(2011)、夏清华等(2021)认为,风险投资阻碍了创新,这是因为:首先,风险投资基金的生命周期相对较短,而技术创新的生命周期相对较长,这使得风险投资不会为创新提供资金,而是关注如何在风险投资基金的生命周期内,以高价出售公司,或者以高价上市;其次,尽管风险投资家大多拥有技术背景,但是他们更像是商人,喜欢商业计划而不是创新;再次,风险投资更喜欢连续创业者,他们的技术创新不一定具有颠覆性,但是更容易成功;最后,风险投资会根据商业周期同步投资,而真正的创新需要长期持久的投资。

此外,温军等(2018)指出,风险投资不仅可以提供增值服务,还可能产生攫取行为,通过经营隧道效应、金融隧道效应以及所有权替代效应等对被投企业进行攫取。实证发现,总体而言,风险投资降低了被投企业的创新水平,因为风险投资所提供增值服务可对被投企业技术创新产生促进作用,但无法抵消风险投资攫取行为对被投企业创新的抑制作用。

2.1.2.2 IPO抑价

企业IPO不仅是企业发展过程的重要一环,也是风险投资能够获利退出的重要方式,因此国内外关于风险投资对IPO抑价的影响进行了大量的研究。已有的研究表明,信息不对称是造成企业IPO抑价的主要因素。由于IPO企业、外部投资者以及承销商之间存在严重的信息不对称问题,因而承销商给予IPO企业较低的发行定价作为信号机制,以吸引更多的外部投资者参与企业IPO(Baron,1982;Grinblatt et al.,1989;Ritter et al.,2002)。具体而言,风险投资主要通过以下几种渠道缓解信息不对称问题,降低企业IPO抑价。

第一,风险投资具有监督治理功能,能够通过列席董事会等方式参与被投企业的公司治理。外部投资者认为风险投资监督治理有利于提高公司治理水平,进而缓解信息不对称问题,降低IPO抑价(Barry et al.,1990;Lu et al.,2012)。

第二,在企业的IPO过程中,风险投资的参与可以起到良好的认证作用,向外界传递更多关于企业质量的积极信号,有效降低企业与外界的信息不对称,从而降低企业IPO抑价率(Megginson et al.,1991;张学勇 等,2014;李曜 等,2015;李曜 等,2016;张学勇 等,2016)。

第三,联合风险投资具有更加复杂的关系网络,所掌握的信息与资源也越多,对于改善信息不对称的作用也更加显著,因此联合风险投资可以有效降低IPO抑价(Tian,2012;Kang et al.,2019),并且混合背景的联合风险投资IPO抑价的抑制作用更加明显(许昊 等,2015;许昊 等,2016)。

第四,风险投资除了通过监督治理、认证功能、社会网络等增值服务缓解信息不对称问题,降低IPO抑价率外,还可能采取机会主义行为,通过盈余管理进一步降低IPO抑价率(冯慧群,2016)。

Da Silva Rosa等(2003)却发现,有风险投资参与的IPO企业在IPO抑价方面与没有风险投资参与的IPO企业并没有显著的差异。Gompers(1996)、Lee等(2004)进一步指出,风险投资由于逐名动机,为了建立良好的声誉、获得更多的后续融资,更倾向于让所投企业尽早上市,甚至不惜以IPO抑价为代价,进而增加IPO抑价率,这一观点也得了陈工孟等(2011)、贾宁等(2011)、胡志颖等(2015)、韩鹏等(2017)、Amor 等(2020)学者的支持。

2.1.2.3 企业绩效

已有研究表明,风险投资不仅可以提供资金支持,还可以提供增值服务。风险投资通过提供监督治理、认证等功能从而有效提升企业绩效(Sapienza,1992)。

第一,风险投资可以通过提供监督治理服务来提升企业绩效。Engel(2002)检验了风险投资在德国新兴企业成长中的作用,结果发现,风险投资通过派驻代表进入董事会,对被投企业进行监督治理,从而使得被投企业在创业期间有更高的业绩增长。股权激励和对赌协议是风险投资发挥监督治理作用的重要方式,通过上述方式可以将企业绩效与管理层收入以及控制权挂钩,促使管理层更加努力工作(Reid et al.,2003;蒋岳祥 等,2020)。当风险投资具有高声誉特征时,对被投企业的参与程度更高,对被投企业治理的改善作用也越大,因而风险投资的声誉越高,被投企业的长期绩效表现越好(Krishnan et al.,2011)。

第二,风险投资可以通过提供认证功能来提升企业绩效。宋芳秀等(2014)发现,企业在 IPO 之后,业绩普遍出现下滑,但是由于风险投资可以提供认证功能,因此相较于没有风险投资参与的企业,有风险投资参与的企业在 IPO 后业绩下滑程度更小。此外,高声誉的风险投资的认证功能更强,对于缓解信息不对称的作用更强,更有助于提升企业绩效(吴骏 等,2018)。

也有学者认为,风险投资无法显著提升被投企业绩效。孙建华(2015)发现,创业板中有风险投资参与的 IPO 企业在 IPO 后普遍出现绩效下滑的现象。相较于没有风险投资参与的 IPO 企业,有风险投资参与的 IPO 企业在 IPO 后的经营活动现金流量净额增长率以及营业总收入增长率更低,由此可见风险投资并没有发挥出资金支持与监督管理的优势。赵玮等(2015)研究了风险投资对战略性新兴产业上市企业绩效的影响,结果发现风险投资并没有发挥出监督治理的作用,而是存在逐名动机,进入被投企业第一年内,企业的绩效显著低于没有风险投资参与的企业。刘冰等(2016)发现,高流动性冗余资源会提升企业绩效,低流动性冗余资源会降低企业绩效,而风险投资由于追逐私利、逐名动机等,对前者具有负向的调节作用,对后者具有正向的调节作用。陈洪天等(2018)发现,风险投资受制于投资意愿与自身能力,进入被投企业后未能发挥监督治理的作用,没有显著提升被投企业的财务绩效。Katti 等(2020)发现,在新兴市场,风险投资的监督治理假说与认证假说并未得到验证,风险投资是被动的,并没有通过上述假说来提升企业业绩,在风险投资与被投企业存在关联时,风险投资在被投企业绩效为负时可以通过二级市场轻松退出。

2.1.2.4 企业价值

企业价值与风险投资收益密切相关,因此国内外关于风险投资对企业价值的影响进行了大量研究。大部分研究认为,风险投资主要通过以下几种途径提升企业价值。

首先,风险投资可以通过促进技术创新来提升企业价值。由于企业风险投资在追求战略收益时,可以为被投企业提供了解新技术的机会以刺激创新,因此被投企业可以利用新技术实现更高收益,进而提升自身价值(Dushnitsky et al.,2006),对战略收益而非财务收益的追求,使得企业风险投资追求企业的长期价值增值,因而会通过促进被投企业技术创新等方式,提升被投企业的价值(Yang et al.,2014;金永红 等,2016;Feng et al.,2020;曾蔚 等,2020)。

其次,风险投资可以通过为企业提供增值服务来提升企业价值。风险投资除了为企业的发展提供资金支持之外(Zu Knyphausen-Aufsess,2005;曹文婷,2020),还可以为企业提供监督治理、认证功能以及社会网络资源等增值服务(李九斤 等,2015;刘通 等,2018;马宁 等,2018;马宁 等,2019),缓解融资约束,改善企业治理,提升企业价值。

Hamdouni(2015)却基于法国的经验证据表明,风险投资并不能显著提高被投企业的价值。

2.2 商业信用文献回顾

我国的商业信用具有悠久的历史。周代至春秋战国时期,是我国商业信用的萌芽时期,周代开始出现的赊买赊卖关系,是商业信用的萌芽。从春秋战国时期到秦汉时期,商业信用开始缓慢发展,汉代的赊买赊卖关系一度发展成为一种制度。唐朝、北宋、南宋、明朝以及清朝,作为我国封建社会商品经济发展的几个重要时期,商业信用也随之快速发展。20世纪20年代我国本地银行开始提供银行承兑汇票业务,20世纪40年代中央银行开始提供票据贴现与再贴现业务,初步形成了汇票承兑、贴现与再贴现制度。新中国成立初期(1949—1953年),商业信用广泛存在于我国的经济之中。商业信用在流通过程中,主要以挂账信用为主,也有票据化的商业信用。此后,伴随着计划经济体制的基本形成,我国政府开始取消和清理国营经济的商业信用,直至1979年,除了制造大型设备以及购买农副产品可以预付货款之外,其余一律禁用商业信用。改革开放以后,商业信用迅速发展,对我国经济的发展发挥了重要的作用。

商业信用是指企业在进行服务或商品交易的过程中,由于延期支付货款或预收货款而占用其他企业资金的行为,普遍存在于世界各国日常的经济活动中(石晓军 等,2010;余明桂 等,2010a)。根据上述定义,商业信用通常可以分为两大类:第一类是供应商向客户提供商业信用(延期支付货款);第二类是客户向供应商提供商业信用(预付货款)。

本书通过对2005—2019年我国A股上市公司商业信用的数据进行测算后发现,在两类商业信用中,第一类商业信用的占比约为80%,第二类商业信用的占比约为20%。由此可见,第一类商业信用在企业之间更为普遍。因此,本书主要研究第一类商业信用,以下研究中所称的商业信用均指第一类商业信用。

在第一类商业信用中,对于商业信用的供给方而言,商业信用主要表现为应收项目,包括应收账款和应收票据等;对于商业信用的需求方而言,商业信用主要表现为应付项目,包括应付账款和应付票据等。

商业信用作为供应链内部企业资金流通的重要组成部分,贯穿整个供应链,是连接供应链上下游企业的纽带,关系着整个供应链的稳定。在供应链中,企业不仅会将其供应商提供的商业信用用于自身发展,也会向其客户提供一定规模的商业信用,以此促进产品销售,提升市场竞争力。但是,供应链内部企业恶意拖欠应付账款或只顾经营业绩而实施低质量赊销,也会导致商业信用期限延长,企业资金周转状况恶化,甚至引发流动性危机(Barrot,2016)。由此可见,商业信用一旦发生,必然包含两个核心要素:规模和期限。从供给方的视角而言,商业信用主要包括商业信用供给规模以及商业信用供给期限;从需求方的视角而言,商业信用主要包括商业信用融资规模以及商业信用融资期限。本书在研究商业信用的过程中,分别从供给方与需求方的视角对商业信用规模与商业信用期限进行分析。

2.2.1 商业信用供给

2.2.1.1 商业信用供给的动机

既有的文献表明,维护客户关系、提供质量担保、提高竞争力、降低交易成本等是企业向客户提供商业信用的主要动机。

第一,维护客户关系。Wilner(2000)认为,如果供应商非常依赖客户,那么客户可能获得更多的商业信用,延迟付款的频率也会更高。如果供应商的很大比例的利润来自某一客户,此时供应商的议价能力较低,那么为了维护供应商与客户之间长期的供销关系,供应商愿意采取提供商业信用的方式来建立长期的合作关系。

第二,提供质量担保。供应商提供的商业信用,具有信号传递的作用,可以有效缓解供应商与客户之间的信息不对称问题(Smith,1987)。Long等(1993)指出,客户在不知道供应商产品质量的情况下,供应商提供商业信用可以用来区分产品质量的高低,并建立自身声誉,因而商业信用供给对产品的质量具有隐性担保的作用,Deloof 等(1996)证实了上述观点。Lee 等(1993)的研究表明,客户在不知道供应商产品质量的情况下,相较于与客户签订产品的质量保证合同,供应商更愿意以提供商业信用的方式来对产品的质量进行担保。

第三,提高竞争力。Fisman 等(2004)认为,供应商的竞争程度较高时,客户会将是否提供商业信用作为选择供应商的重要标准,因此提供商业信用是供应商的一种竞争手段。供应商会通过提供更多商业信用的方式来锁定客户,防止客户选择其他供应商,甚至从其他供应商手中抢夺客户。反之,供应商的垄断程度越高,越有能力切断对客户未来商品的供应,强制要求客户支付现款的能力也就越强,因而提供的商业信用也就越少。

第四,降低交易成本。使用商业信用可以使得商品转移的发生早于货币转移,从而实现二者在时间上的分离。企业提供商业信用,使得客户不需要即时支付货款,而是在一定时间后集中支付,这可以有效减少结算次数,降低交易成本(Ferris,1981)。另外,有效税率高的企业通过提供商业信用能够起到税盾的作用,可以有效降低缴纳的税款(Brick et al.,1984)。企业提供商业信用导致货款集中支付,可以有效平滑营业收入和库存,避免现金流和库存出现较大幅度波动,这也能降低企业的交易成本(Emery,1987)。

2.2.1.2 商业信用供给的影响因素

国内外有大量文献研究了企业商业信用供给的影响因素。在企业商业信用供给影响因素方面,国内外学者从宏观与微观两个层面进行了大量的研究。

在宏观影响因素方面,学者们主要从金融危机、经济政策不确定性等方面进行了研究。首先,金融危机期间企业可能会减少商业信用供给规模。金融危机会使信贷紧缩,企业难以获得信贷以提供商业信用(于欢,2016),而且金融危机会导致客户违约的风险增加,企业为了避免自身现金流断裂,即便客户的信用风险较低,企业也会从应收账款较高的客户中收回商业信用供给(Tsuruta,2007)。Love 等(2007)进一步发现,虽然金融危机爆发后企业提供的商业信用可能不会立即减少,但是在接下来的几个月到几年内会明显减少,并且在财务上更容易受到金融危机影响的企业向客户提供的商业信用更少。此外,金融危机期间向客户提供商业信用的企业还会要求供应商提供长期商业信用融资,同时推迟向供应商付款,这意味着金融危机期间商业信用风险可能通过供应链向上下游企业传染(Bastos et al.,2013;Sáiz et al.,2017)。

其次,经济政策不确定性的增加也会减少企业的商业信用供给规模。一方面,在经济政策不确定性较高的时候,商品供应和需求的减少以及增加企业现金储备的需要都会削弱企业与供应商的议价能力,并削弱其向客户提供商业信用的能力(Jory et al.,2020);另一方面,企业可能使用银行贷款来提供商业信用,经济政策不确定性的提高会增加借贷成本(Xu,2020)、缩短债务期限(Tran et al.,2021),甚至对金融机构造成资金短缺(Matousek et al.,2020),银行信贷的减少使得企业难以通过获得银行信贷以释放信用,从而导致企业减少商业信用供给规模,尽可能快速地将应收款项收回,并降低其提供商业信用的期限。(陈胜蓝 等,2018)。

最后,也有学者从金融发展水平、政府政策以及基础设施建设等方面对商业信用供给进行解释。例如,王彦超(2014)认为,企业从正规金融机构获得信贷资源仅是完成初次分配,把信贷资源以商业信用的方式释放给客户则是完成二次分配;在金融抑制程度越高的地区,企业提供的商业信用越多,信贷资源的二次分配现象越明显。徐小晶等(2021)认为,政府补贴也是影响企业商业信用供给的重要因素,在新能源汽车行业中,退坡补贴政策造成的流动性冲击会使得企业降低提供商业信用的期限。陈胜蓝等(2019)认为,交通基础设施的发展也会影响企业的商业信用供给规模,城际高铁的开通增加了企业与客户之间的产品交易规模,降低了企业与客户之间关于产品质量的信息不对称,使得企业通过提供商业信用来提供质量担保的动机削弱,从而降低了企业的商业信用供给规模。

在微观影响因素方面,影响因素较为繁多。学者们主要从议价能力、企业性质等方面进行了研究。首先,议价能力是商业信用供给的重要影响因素。一方面,议价能力相对较弱的企业,为了维护市场份额,可能会向客户提供更加宽松的商业信用条件,会将更大份额的商品以赊销的方式销售,从而增加商业信用供给规模,并在逾期惩罚之前提供较长的付款期限(Fabbri et al.,2016),这意味着议价能力较弱的企业以提供商业信用作为竞争工具(Lee et al.,2018)。另一方面,企业向客户提供商业信用,既是在向客户表达建立长期合作关系的意愿,又在向客户表达建立长期合作关系的能力。议价能力较弱的企业,为了避免客户的不当需求与经营的风险,会通过提供商业信用的方式建立长期合作关系,议价能力越弱,企业的商业信用供给越多,期限也越长(江伟 等,2021)。因此,当企业的市场能力较弱(Lee et al.,2018)、客户集中度较高(江伟 等,2021)、规模较小(徐晓萍 等,2009)时,议价能力相对较弱,提供的商业信用也相对较多。

其次,有学者认为企业性质是影响商业信用供给的重要因素。国内学者余明桂等(2010b)发现,相较于国有企业,民营企业面临的市场压力较大,因此会通过提供更多商业信用的方式以提升竞争能力。国外有学者认为国有企业更值得信赖,可以很容易获得银行贷款,因此国有企业有可能提供更多的商业信用。

最后,也有学者从其他方面对商业信用供给进行解释。例如,Cao等(2021)研究了经营战略对企业商业信用供给规模的影响,结果表明,相较于采用效率导向战略(防御型战略)的企业,采用创新导向战略(探索型战略)

的企业向客户提供更多的商业信用,因为更多的商业信用供给可以使得创新导向战略(探索型战略)的企业吸引更大的客户群并与他们建立良好的客户关系。Van den Bogaerd 等(2014)则认为,企业良好的媒体信誉可以为企业带来有竞争优势的宝贵无形资源,可以有效缓解客户关于购买商品质量的信息不对称问题,对于企业商业信用供给的质量隐性担保具有替代作用。因此,媒体信誉对商业信用供给规模具有显著负向影响,企业的媒体信誉越高,商业信用供给越少。Huang 等(2019)发现,投资者情绪通过动机、意愿和能力三个渠道对商业信用供给规模产生正向影响,而且投资者情绪对市场竞争激烈的企业的影响要大于市场竞争弱的企业。张会丽等(2020)发现,提供商业信用有助于企业稳定股价,为了防止控制权的转移,大股东会通过提供商业信用的方式来稳定股价,因此大股东股权质押会显著增加企业的商业信用供给规模。白俊等(2020)认为,银行业竞争使得企业可以获得更多的贷款以用于提供商业信用,从而提高了企业商业信用供给的能力。这一情形在中小企业尤其是市场地位低的企业中更为明显。

2.2.1.3 商业信用供给的经济后果

企业给予客户提供商业信用对公司价值和盈利能力有重要的影响(Pike et al.,2001)。Lewellen 等(1980)从理论上论证了市场不完善的存在意味着商业信用决策可能会影响企业的价值。因此,关于商业供给的经济后果,既有文献主要从企业价值与盈利能力等方面进行分析。

首先,商业信用供给可能会提高企业价值与盈利能力。商业信用供给作为一种竞争手段,是促进销售增长的有效工具,企业提供商业信用可以获得更多的战略收益(Hill et al.,2012),而且企业可以通过商业信用供给的质量担保功能,与大客户建立良好的合作关系,企业向大客户提供的商业信用越多,企业的业绩越好(江伟 等,2021)。Martínez-Sola 等(2014)从财务动机、经营动机和商业动机三个方面解释了商业信用盈利能力的差异。实证结果表明,通过增加商业信用供给规模,中小企业可以显著提高自身盈利能力,特别是财务不受约束的公司(规模更大、流动性更强的公司)、需求波动的公司和拥有更多市场份额的公司,增加商业信用供给规模对盈利能力的提升作用更加明显。企业通过向客户提供商业信用以刺激销售增长,不仅可以提高经营业绩,还可以实现去库存的目的(王杰 等,2018)。Yazdanfar

等(2015)、Dary 等(2019)认为,商业信用供给本质上是一种短期投资,同任何其他投资一样,与风险和回报有关,随着时间的推移为企业创造附加值。因此,商业信用供给应该与企业的盈利能力以及销售业绩挂钩,并且商业信用供给对企业的销售增长以及盈利能力具有显著的积极作用。企业的商业信用供给越多,企业的销售增长就越多,盈利能力就越强,从而有助于提升企业价值。

其次,有学者认为商业信用供给无法提高企业价值与盈利能力。企业提供商业信用虽然能够刺激销售,扩大市场份额,但是也会导致企业的资金被锁定在营运资本中,尤其是当企业提供商业信用而为提前付款争取折扣时,商业信用供给的成本会非常高,进而降低了企业的盈利能力,因此企业可以通过减少商业信用供给规模来提高盈利能力(Deloof,2003)。Tang(2014)发现,应付账款与盈利能力呈正相关,因此中小企业可以与供应商建立长期关系以获得商业信用融资,但是应收账款对盈利能力没有显著的影响,Rehman 等(2016)的研究也得出类似结论。Lee 等(2018)在研究商业信用对企业业绩的影响时,通过区分行业平均商业信用供给和个别供应链与行业平均水平的偏差后发现,当供应商以行业平均水平提供商业信用时,这种行为促进了双方的业务合作,因此与双方的业绩呈正相关;相反,当供应商在商业信用供给策略上比行业平均水平更激进时,超额商业信用供给与买方绩效呈负相关。Baker 等(2020)发现,商业信用规模和企业盈利能力之间呈倒 U 形关系,这意味着存在最优的应收账款和应付账款水平。

2.2.2 商业信用融资

2.2.2.1 商业信用融资的影响因素

1. 宏观因素

在宏观因素方面,金融市场发展状况、金融危机、货币政策、经济政策不确定性以及政府政策等都是影响企业商业信用融资的重要因素,上述影响因素多与银行信贷受限有关。

在金融市场不发达的情况下,银行等正规金融机构与企业之间存在着严重的信息不对称,企业难以从银行等正规金融机构获得充足的信贷,而企业与供应商之间的信息不对称问题相对较轻,因此当企业无法获得银行信贷时,可以通过商业信用融资的方式来获取融资(Biais et al.,1997;Petersen et al.,1997;Deloof et al.,1999;Fisman et al.,2003;Danielson et al.,2004)。在金融市场尚不发达的我国,相较于国有企业,民营企业难以获得银行信贷,因而使用了更多的商业信用融资(Ge et al.,2007)。Cook(1999)则进一步发现,企业获得商业信用融资有利于缓解银行与企业之间的信息不对称问题,供应商的背书有一定的信号作用,因此获得商业信用融资的企业更容易获得银行信贷。

金融危机期间银行信贷收紧,难以从银行等正规金融机构获得充足信贷的企业,不得不依靠商业信用融资以缓解自身的融资约束,而信贷约束轻的企业则更多依赖银行信贷而不是商业信用融资(Carbó Valverde et al.,2016;Sáiz et al.,2017)。

商业信用融资与银行信贷既存在互补关系,也存在替代关系,在货币政策紧缩时期,商业信用融资主要作为银行信贷的替代品;在货币政策宽松时期,商业信用融资主要作为银行信贷的互补品(Yang,2011)。当货币政策宽松时,企业的信贷约束较轻,可以获得的银行信贷相对较多,因而对商业信用融资需求相对较少;当货币政策紧缩会加剧信贷约束,企业受到信贷约束后,会将商业信用融资作为正式制度融资的替代品,增加对商业信用融资的需求。因此,货币政策紧缩会增加企业对商业信用融资的依赖程度,增加企业的商业信用融资规模(Atanasova et al.,2003;Atanasova,2007;陆正飞等,2011;饶品贵 等,2013;袁卫秋 等,2017;陈胜蓝 等,2018;孔东民等,2021)。

经济政策不确定性的变化也会影响企业商业信用融资。D'Mello等(2020)发现,经济政策不确定性与商业信用融资规模有着负向关系,当经济政策不确定性逐渐提高时,企业获得的商业信用融资普遍降低。经济政策不确定性提升导致商业信用融资的减少可以用财务困境、限制和特定关系的投资渠道来解释。在各种经济政策不确定性中,货币和财政政策、税收和法规的不确定性是商业信用融资的主要因素。张园园等(2021)研究发现,经济政策不确定性与商业信用融资规模有着正向关系,首先,较高的经济政策不确定性会降低银行信贷的融资规模并提升融资成本,企业会增加对商业信用融资的需求;其次,较高的经济政策不确定性导致企业未来现金流不确定性的增加,企业会增加对商业信用融资的需求;最后,较高的经济政策不确定性会导致供应商愿意提供商业信用以维护供应链合作关系,使得企业获得更多商业信用融资。

政府政策也可能会影响企业商业信用融资。刘春林等(2021)认为,人才政策是影响企业商业信用融资的重要因素。人才政策可以通过能力和信任两个途径来帮助企业获得更多商业信用融资。一方面,获得人才政策的支持,能够向外界传递企业具有较高的人才优势,有能力促进企业平稳发展,减轻了供应商对企业偿还能力的顾虑,从而使企业获得更多商业信用融资;另一方面,人才政策的支持缓解了企业与供应商的信息不对称问题,提高了供应商的信任程度,从而使企业获得更多商业信用融资。

2. 微观因素

在微观因素方面,企业的异质性特征、公司治理以及公司战略等都是影响企业商业信用融资的重要因素。

企业的异质性特征是影响商业信用融资的重要因素。García-Teruel等(2010)认为,拥有更多增长机会和更多流动资产投资的大企业可以从供应商那里获得更多商业信用融资,但是如果企业有其他融资来源,则不太可能求助于供应商提供的商业信用。王永进等(2013)发现,地理集聚可以通过供应链效应、竞争效应以及声誉机制等路径提高企业的商业信用融资规模。刘欢等(2015)认为,较高的市场地位可以让企业对供应商有较高的议价能力,从而使得企业从供应商处获得更多商业信用融资。Yazdanfar等(2017)发现,长期债务、盈利能力以及企业年龄都对商业信用融资规模产生显著的负面影响,而短期债务和企业规模对商业信用融资规模产生积极影响。张新民等(2021)认为,产融结合的企业融资约束程度更低,对商业信用融资的需求相对较低,而且使用金融性融资的成本也低于商业信用融资的成本,因此产融结合的企业会增加金融性融资的使用,进而减少商业信用融资的使用。

企业管理也会影响企业的商业信用融资。郑军等(2013)认为,较高的内部控制质量既能够缓解信息不对称问题,还能够改善企业管理,减少利益侵占问题,减轻供应商提供商业信用的顾虑,因此随着内部控制质量的不断提高,企业得到的商业信用融资也在逐渐增加。张正勇等(2018)认为,良好的社会责任有助于缓解企业与供应商之间的信息不对称问题,加深与供应商之间的战略互信,还能降低社会责任风险,提高供应商的满意度,从而有助于增加商业信用融资规模。Xia等(2019)发现,拥有人脉广泛的独立董事的企业可以获得更多的商业信用融资,但是基于关系的商业信用融资以成本较高的应付票据的形式出现,而不是成本较低的应付账款。

企业选择不同的发展战略,商业信用融资决策也会不同。相较于采用防御型战略的企业,采用进攻型战略的企业可以获得更多的商业信用融资。这是因为采用进攻型战略的企业会面临严重的信贷约束,对于商业信用融资的需求进一步增加,并且采用进攻型战略的企业会降低供应商集中程度以增强其在供应商处的议价能力,这也有助于该类型的企业获得更多商业信用融资(方红星 等,2019)。

2.2.2.2 商业信用融资的经济后果

在商业信用融资的经济后果方面,国内外主要从企业绩效与价值、技术创新、股价崩盘风险以及并购等方面进行研究。

在企业绩效与价值方面,Fisman等(2003)认为,在金融市场不发达的情况下,商业信用融资为企业提供了另一种融资方式。商业信用融资可以有效缓解企业现金流紧张的问题(Su et al.,2011),为企业业绩增长的可持续性提供资金动力(Miloevi et al.,2020),从而提高企业的经营业绩。陆正飞等(2011)进一步发现,如果供应商对客户提供了超额的商业信用,意味着供应商认为客户具有良好的发展前景,可以向市场传递利好消息,因此超额商业信用融资可以有效提升企业价值。

在企业技术创新方面,商业信用融资是缓解企业技术创新活动中融资约束的重要途径。企业的技术创新成果属于公共产品,具有较强的正外部性,而且技术创新风险高、周期长,使得外部投资者不愿意投资,进而产生融资约束(Stiglitz et al.,1981;Binks et al.,1996;Czarnitzki et al.,2011;王刚刚 等,2017;余明桂 等,2019)。虽然以银行信贷融资为代表的正规金融和以商业信用融资为代表的非正规金融都可以缓解融资约束,促进企业创新,但是商业信用融资的促进作用更为显著(武力超 等,2020)。尤其是在发展中国家,商业信用融资作为外部融资的重要来源之一,对银行信贷融资具有替代作用,可以缓解企业技术创新中的融资约束问题,提高企业创新水平(Chen et al.,2019;姚星 等,2019;李双建 等,2020)。

在股价崩盘风险方面,Cao 等(2018)认为企业使用的商业信用融资越多,企业未来出现股价崩盘的风险越低,而且在信息不对称越高的企业和位于欠发达金融市场的企业中,负向作用更为明显。

在并购方面,Hu 等(2020)认为商业信用融资规模可以反映企业的资金需求,经历快速增长并有很多机会的企业往往有着较高的资金需求,因而商业信用融资规模也就越大,因此商业信用融资规模较高的企业更有可能成为并购方,而且商业信用融资规模较高的并购方更有可能使用现金要约并购而不是股票要约并购的方式,商业信用融资规模越高的并购方向目标公司支付的溢价越少,产生的超额收益越高。

2.3 供应链协同创新文献回顾

伴随全球经济一体化进程的持续推进,市场变化越来越迅速,供需市场之间的竞争日益激烈。考虑到需求的多样性、竞争的激烈性以及产品生命周期的不断缩短,企业依靠自身力量难以在市场竞争中占得优势,只有通过寻求合作者,才能在市场竞争中占得一席之地。供应商与客户作为企业的密切交易者,成为企业首选的合作对象(Yli-Renko et al.,2002;Johnsen,2009),因此,越来越多的企业在供应链中发展合作关系,以实现物流、信息流、商流与资金流的整合,在提高效率的同时有效降低成本,最终实现企业自身及其供应链市场竞争力的提高和价值的增值。

在技术创新等高难度、高成本、高风险的领域,企业更是迫切需要从根本上消除制约个体发展的因素,与供应链成员企业进行协同合作,以实现资源以及信息的共享,有效发挥各方的相对优势,分担技术创新的成本和风险,提高技术创新的成功率(Soosay et al.,2008;王慧 等,2021)。因此,供应链协同创新正逐渐取代个体企业创新,成为现代企业应对复杂环境急剧变化、获得新的竞争优势的重要手段(Shan et al.,2020)。

协同合作可以看作组织之间的一种关系,参与者同意共同制定决策,共享资源和信息,共担责任,共同解决问题,以共同实现目标,共享收益(Ring et al.,1992;Soosay et al.,2008)。协同合作是基于相互信任、相互开放、共享风险和共享回报,从而在市场竞争中产生相对优势(Hogarth-Scott,1999)。供应链协同创新是指供应链企业之间在相互信任的基础上,由供应链核心企业主导,共享资源与信息,共担风险与成本,最终促进彼此的技术创新,使得技术创新产生整体涌现效应的一种经营方式和运作机理(陆克斌等,2012)。

供应链中的上下游企业通过适当的协同合作,有助于保持决策的一致性,从而提高彼此的技术创新,最终提高供应链的总体创新水平(Malone et al.,1994)。马文聪等(2013)发现,无论是企业的供应商还是客户参与企业的技术创新活动,均能有效提高企业的创新绩效。既有的文献主要从供应链中的信息流——即信息共享的视角研究了供应链协同创新,并且认为信息共享是供应链协同创新的重要基础(冯长利 等,2015;吉利 等,2019;商燕劼 等,2021)。王展祥等(2019)认为,信息共享可以让供应链上下游企业之间的信任水平不断提高,同时还能缓解上下游企业之间的信息不对称、上下游企业之间的融资约束等问题,并为上下游企业提供知识基础,促进彼此的技术创新,从而实现供应链协同创新。在信息共享的过程中,技术知识的共享最为关键。Harabi(2000)对问卷调查数据进行分析后发现,供应商—企业—客户之间垂直研发合作的现象在德国企业中普遍存在,而技术知识的非正式交流被认为是创新企业与客户和供应商之间协同创新的重要模式。Eisenhardt等(2000)指出,可持续供应链中合作伙伴之间技术知识的碰撞、整合和协同进化,有助于实现关键技术的突破和创新,提高产品和服务的创新水平。

本书在研究过程中从共享资源的视角出发,以供应链中的资金流—商业信用为切入点,主要研究风险投资能否通过改善商业信用来促进供应链协同创新。从供应商—企业视角看,如果风险投资不仅可以促使供应商提供更多的商业信用,促进企业的技术创新,而且可以促使企业及时偿还账款,提高供应商现金流的高效运转,促进供应商的技术创新,最终提高彼此的技术创新水平,那么可以认为风险投资通过改善供应商—企业之间的商业信用进而促进二者协同创新。从企业—客户视角看,如果风险投资不仅可以促使企业提供更多的商业信用,促进客户的技术创新,而且可以促使客户及时偿还账款,提高企业现金流的高效运转,促进企业的技术创新,最终提高彼此技术创新水平,那么可以认为风险投资通过改善企业—客户之间的商业信用进而促进了二者的协同创新。从供应链整体视角来看,如果风险投资不仅可以促进供应商—企业之间的协同创新,还能促进企业—客户之间的协同创新，最终提高供应链整体的技术创新水平，那么可以认为风险投资通过改善商业信用促进了供应链协同创新。

2.4　文献述评

本书主要研究风险投资能否通过改善商业信用促进供应链协同创新，通过对风险投资、商业信用与供应链协同创新等方面的文献进行梳理可以发现以下三点。

第一，近年来，随着风险投资的不断发展，其积极影响也逐渐由企业向企业所在的供应链等纵深方向溢出，但是在风险投资的经济后果方面，以往的学术研究主要关注技术创新、IPO抑价、企业绩效以及企业价值等方面，鲜有文献关注风险投资对商业信用、供应链协同创新的影响，该领域仍存在研究空白。基于此，本书将研究风险投资对商业信用与供应链协同创新的影响，为相关学术研究提供紧跟时代发展的研究视角，弥补现有的研究空白。

第二，关于商业信用的研究大多孤立地关注某一个或几个变量的考察，很难对商业信用形成系统性认识。商业信用活动内生于供应链，是一个复杂过程，对于供给方而言，提供的商业信用规模与商业信用期限都是需要考虑的问题，而对于需求方而言，能够获得的商业信用规模与商业信用期限也是需要考虑的问题。基于此，本书将商业信用供需双方的规模与期限放在同一个框架内考察，可以避免研究的片面性，也能够为相关研究提供更好的研究思路和框架。

第三，关于供应链协同创新方面的研究主要以信息流为切入点，鲜有文献以现金流作为研究视角，而且实证研究相对较少。实证数据的搜集主要通过问卷调查获得，原因在于上市公司在披露供应商与客户的信息时，披露的信息极少，而且大多数供应商与客户均为非上市公司，难以获得其详细的创新数据，因而没有现成的数据库可供使用。基于此，本书将从供应链中资金流的视角研究供应链协同创新，在实证方面，不再依赖于问卷调查搜集数据，而是利用上市公司披露的供应商和客户信息通过计算机程序与国家知识产权局发布的中国专利数据库进行匹配，从而获得上市公司供应商与客户的相关专利数据。

第 3 章

风险投资、商业信用与供应链协同创新现状分析

▶ 第3章 风险投资、商业信用与供应链协同创新现状分析

本书的研究主题为风险投资、商业信用与供应链协同创新,在进行实证研究之前,本章将对风险投资、商业信用、供应链协同创新等三个方面进行描述性分析,以便了解其发展现状,并初步判定三者之间的相关性,为后续实证研究奠定基础。

3.1 风险投资现状分析

在过去的几十年中,中国的风险投资发展历程大致可以分为起步阶段、兴起阶段、繁荣阶段以及规范发展阶段,受限于数据的可获得性,下面主要对风险投资近年来的发展现状进行简要介绍。

图 3-1 反映了 2005—2019 年中国风险投资机构总数与管理资本总额及增长情况。在此期间,中国风险投资机构总数由 319 家增加至 2 994 家,累计增长超过 9 倍;风险投资机构管理资本总额由 631.6 亿元增加至 9 989.1 亿元,累计增长超过 15 倍。尽管中国风险投资机构增长率和管理资本总额

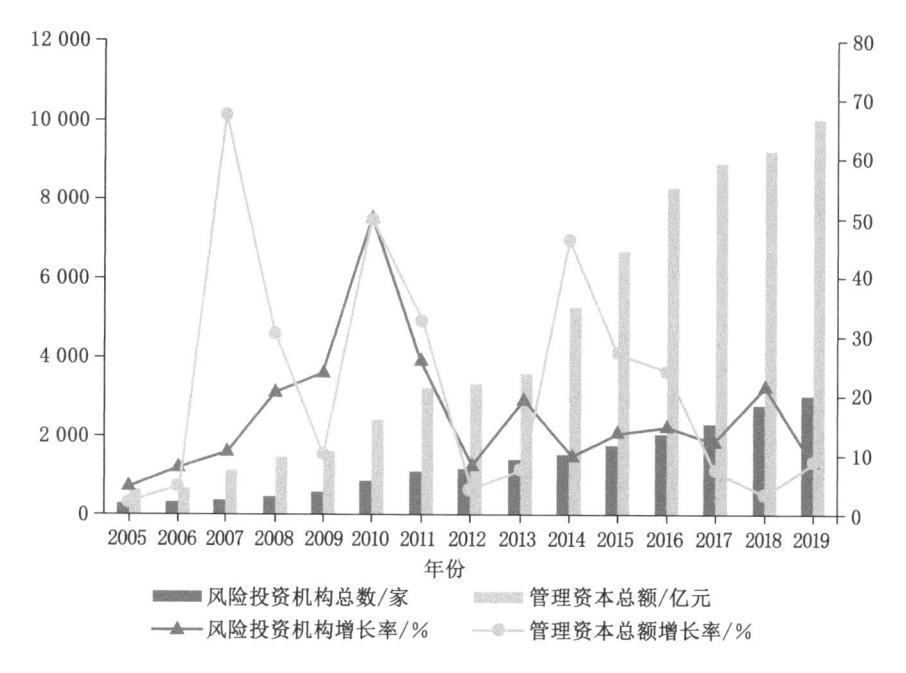

图 3-1 2005—2019 年中国风险投资机构总数与管理资本总额及增长情况

(数据来源:根据历年《中国创业投资发展报告》整理而得)

增长率均出现一定程度的波动,但是始终为正数。由此可见,近年来中国风险投资机构总数和管理资本总额始终处于增长态势,风险投资的发展规模在不断扩大。

随着风险投资发展规模的扩大,中国风险投资金额和项目行业分布日趋合理,高科技产业获得了越来越多风险投资机构的青睐。图3-2反映了2019年中国风险投资金额与项目行业分布情况。无论是投资金额还是投资项目,新能源和环保业、计算机通信和其他电子设备制造业、信息传输软件和信息服务以及医药生物业等都是风险投资机构的主要投资对象,除了高科技产业之外,风险投资还广泛投资于传统制造业、金融保险业以及其他行业,几乎覆盖了全部行业。

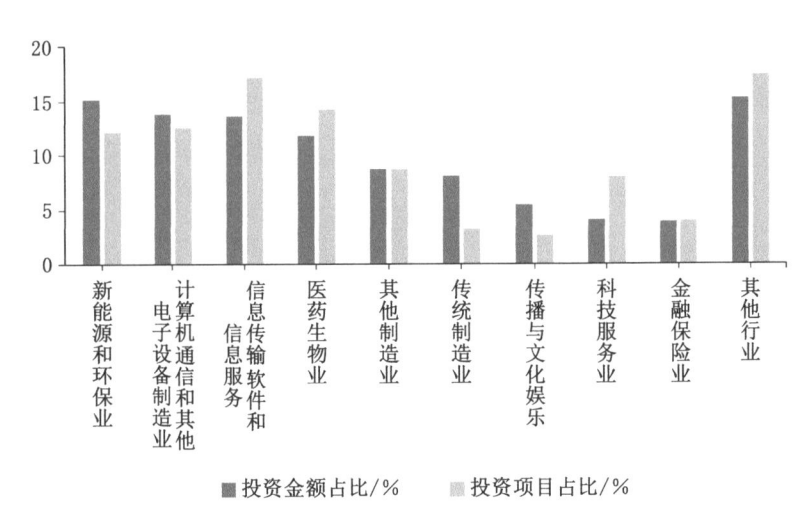

图3-2　2019年中国风险投资金额与项目行业分布情况

（数据来源：根据历年《中国创业投资发展报告》整理而得）

除了风险投资金额和项目的行业分布日趋合理,中国风险投资阶段也日趋合理,图3-3反映了2019年中国风险投资金额与项目的投资阶段分布情况。无论是投资金额还是投资项目,起步期与成长期都是风险投资的重要投资阶段,其他生命周期风险投资也均有涉及。

上述事实表明,风险投资作为资本市场的重要组成部分,在过去几十年的发展中,由最初致力于为中小企业自主创新与发展服务,到如今全面支持国家经济发展,除了发展规模不断壮大之外,其所投资的行业分布和投资阶段分布也日益合理,几乎覆盖了全部行业与全部生命周期的企业。

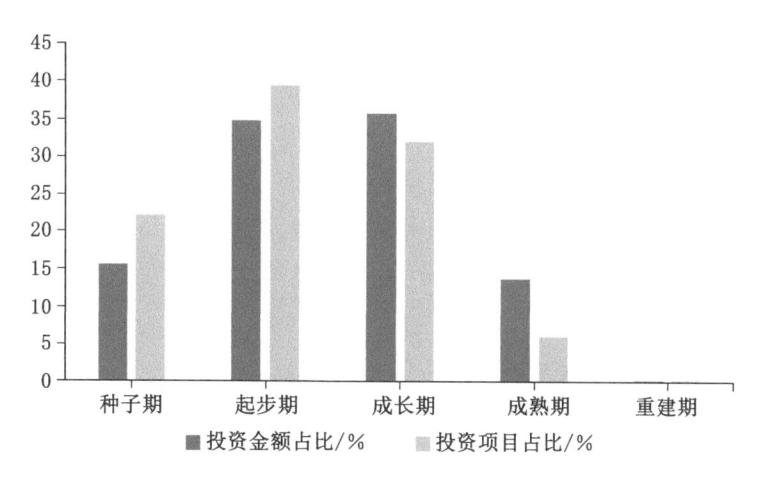

图 3-3　2019 年中国风险投资金额与项目投资阶段分布情况
（数据来源:根据历年《中国创业投资发展报告》整理而得）

3.2　商业信用现状分析

本部分主要对商业信用现状进行描述性分析。首先,利用 2005—2019 年中国和美国上市公司数据,分别从供给方与需求方的视角对商业信用规模进行描述性分析。其中,商业信用供给规模以应收账款和应收票据总和来衡量,并以年末总资产对其进行标准化;商业信用融资规模以应付账款、应付票据的总和来衡量,并以年末总资产对其进行标准化。其次,受限于数据的可获得性,利用 2005—2019 年中国上市公司数据,分别从供给方与需求方的视角对商业信用期限进行描述性分析。其中,商业信用供给期限以账龄超过一年的应收账款除以年末总资产表示;商业信用融资期限以账龄超过一年的应付账款除以年末总资产表示。最后,将利用 2019 年中国上市公司数据对商业信用现状进行横截面分析。

图 3-4 反映了 2005—2019 年中国和美国上市公司商业信用供给规模和商业信用融资规模的变化情况。由图 3-4 可知,中国上市公司商业信用供给

规模维持在15%左右;商业信用融资规模维持在13%左右;美国企业商业信用供给规模维持在23%左右,美国商业信用融资规模维持在20%左右。可以看出,无论是商业信用供给规模还是商业信用融资规模,美国上市公司的平均水平均高于中国上市公司的平均水平。此外,虽然在次贷危机前后(2007—2010年),美国上市公司的商业信用供给规模和商业信用融资规模出现一定程度的波动,但是美国上市公司的商业信用供给规模始终高于商业信用融资规模;中国上市公司提供的商业信用规模在次贷危机前后出现显著波动,商业信用供给规模低于商业信用融资规模。除却次贷危机前后的年份,中国上市公司提供的商业信用规模均大于企业获得的商业信用规模。

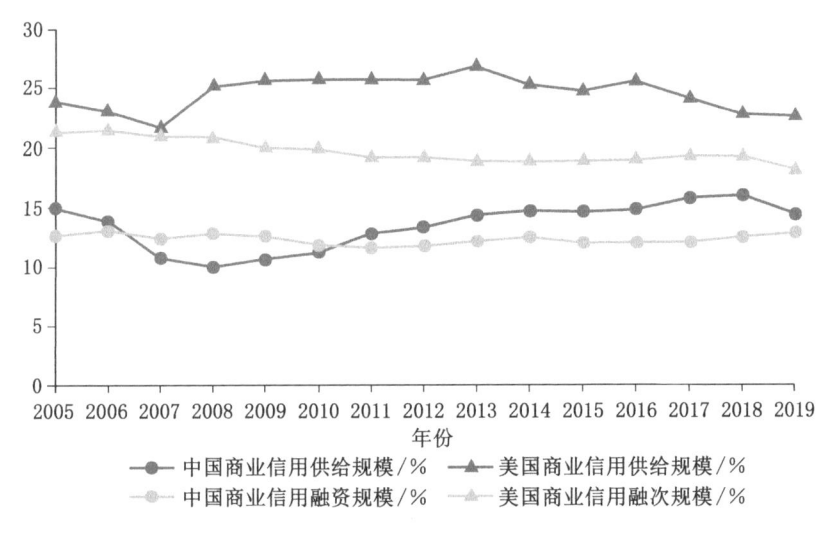

图 3-4 2005—2019 年中国和美国上市公司商业信用供给规模和商业信用融资规模的变化情况

(数据来源:根据 CSMAR 数据库和 WRDS 数据库相关数据整理而得)

图 3-5 为 2005—2019 年中国 A 股上市公司商业信用期限基本情况。在此期间,中国 A 股上市公司账龄超过 1 年的应收账款占全部应收账款的比例始终维持在 20% 以上,即较长期限的商业信用供给占比相对较高,这意味着较高比例的商业信用供给可能存在逾期甚至无法收回的风险;账龄超过 1 年的应付账款占全部应付账款的比例始终维持在 10% 以上,即较长期

限的商业信用融资占比相对较高,这意味着较高比例的商业信用融资可能出现逾期甚至无法偿还的风险。

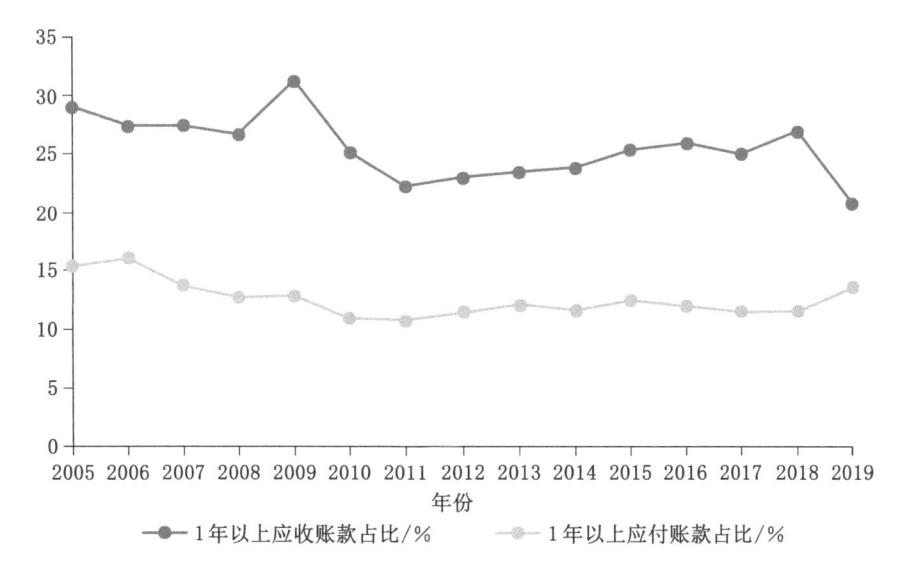

图 3-5 2005—2019 年中国 A 股上市公司商业信用期限基本情况
(数据来源:根据 CSMAR 数据库相关数据整理而得)

图 3-6 反映了 2019 年中国 A 股上市公司商业信用供给规模、商业信用供给期限、商业信用融资规模以及商业信用融资期限的行业分布。可以看出,几乎各个行业都存在一定的商业信用行为。在建筑业中,商业信用供给规模和商业信用融资规模最高,分别为 27.49% 和 28.46%,原因在于建筑业的竞争压力较大,企业往往通过低价竞标的方式获得项目工程,在施工过程中,采用垫资的方式经营,而建筑材料又通过赊购的方式获得,从而形成大量的商业信用。在房地产业中,商业信用供给期限和商业信用融资期限都是最高的,账龄超过 1 年的应收账款占比、账龄超过 1 年的应付账款占比分别为 31.93%、38.23%,原因在于房地产业产品销售周期长,应收账款回收较慢,而企业没有资金,又会拖欠供应商的货款,从而导致商业信用的期限相对较长。由此可见,企业的商业信用决策存在明显的行业异质性特征。

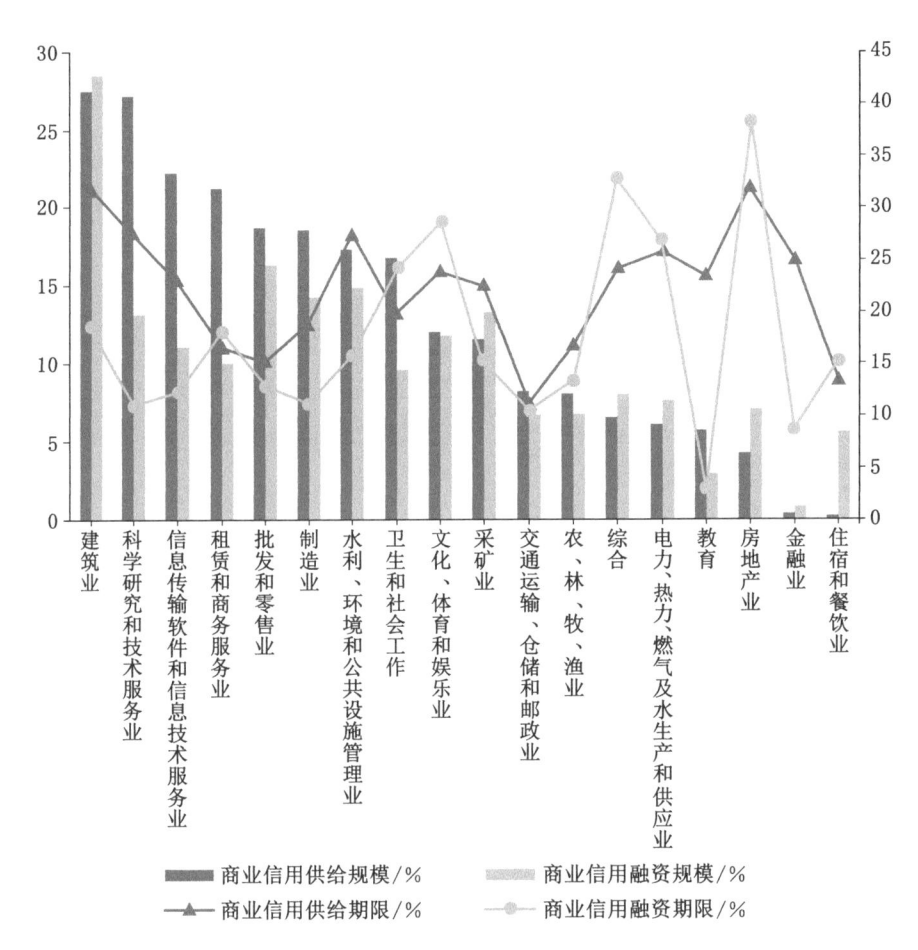

图 3-6　2019 年中国 A 股上市公司商业信用行业分布

（数据来源：根据 CSMAR 数据相关数据库整理而得）

图 3-7 反映了 2019 年中国不同性质的 A 股上市公司商业信用供给规模、商业信用供给期限、商业信用融资规模以及商业信用融资期限分布。可以看出，相较于国有企业，民营企业提供了更多、更长期限的商业信用，却获得了更少、更短期限的商业信用。余明桂等（2010b）指出，相较于国有企业，民营企业面临的市场压力较大，因此会通过提供更加宽松的商业信用以提升竞争能力。

上述事实表明，中国企业的商业信用规模相对较低，商业信用期限相对较长，此外，金融危机等外部环境会影响企业的商业信用决策，不同行业和

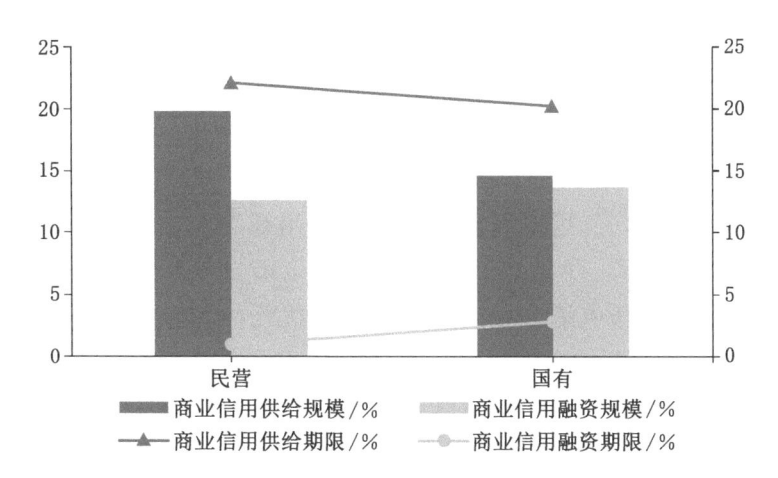

图 3-7　2019 年不同性质的中国 A 股上市公司商业信用企业属性分布

(数据来源:根据 CSMAR 数据库相关数据整理而得)

所有制的企业在商业信用决策方面存在显著差异。在供应链中,企业从上游供应商获得商业信用融资可以用于自身的经营发展,而向下游客户提供商业信用可以缓解客户的资金缺口,但是如果商业信用期限太长,致使企业无法从客户处及时收回应收款项,或是无法向供应商及时偿还应付款项,由此造成的财务风险不仅会使企业自身陷入流动性危机,还有可能会通过供应链向上下游传染,从而对整个供应链的生产经营造成规模性的负面影响。因此,扩大商业信用规模,降低商业信用期限,仍然是当前亟待解决的问题。

3.3　供应链协同创新现状分析

本部分选择 2005—2019 年中国 A 股上市公司为研究样本,对上市公司、上市公司供应商以及上市公司客户的技术创新现状进行描述分析,以便初步掌握中国企业及其所在供应链创新活动的基本现状。上市公司及其所在供应链的创新情况主要以专利申请数量和专利授权数量来衡量。受限于数据的可获得性,上市公司供应商、客户的专利申请数量分别为上市公司前五大供应商和前五大客户的专利申请数量之和,同理,上市公司供应商、客户的专利授权数量分别为上市公司前五大供应商和前五大客户的专利授权数量之和。

表 3-1 描述了 2005—2019 年中国 A 股上市公司专利申请量与授权量

的专利类型分布。表 3-1 至表 3-3 均选取了典型年份的数据加以统计分析。在专利申请数量方面，2005—2018 年中国 A 股上市公司专利申请数量持续增加，由 8 373 件增长至 26 0161 件，年均增长速度为 28%。2019 年，由于中国在专利申请整体监管方面，加大了优化申请结构和提高申请质量的力度，因而中国 A 股上市公司专利申请数量首次出现下降，仅为 97 000 件，较 2018 年减少了 63%。尽管 2019 年中国 A 股上市公司专利申请数量出现大幅度下降，但是专利申请分布类型出现明显优化。2005—2018 年，中国 A 股上市公司发明专利的申请数量一直维持在 40% 左右，而在 2019 年，中国 A 股上市公司发明专利的申请数量达到了 68.28%。在专利授权数量方面，2005—2019 年中国 A 股上市公司专利授权数量持续增加，由 4 151 件增长至 176 583 件，年均增长速度为 31%，但是中国 A 股上市公司发明专利授权数量一直维持在 30% 以下，专利授权类型分布并未出现显著优化。

表 3-1　2005—2019 年中国 A 股上市公司专利申请量与授权量的专利类型分布

	年份		2005	2010	2015	2016	2017	2018	2019
申请量	发明	数量/件	3 066	18 883	64 291	88 567	109 643	117 928	66 235
		占比/%	36.62	38.78	44.93	47.48	45.71	45.33	68.28
	实用新型	数量/件	3 109	22 874	64 798	80 471	108 270	118 884	21 343
		占比/%	37.13	46.97	45.28	43.14	45.14	45.70	22.00
	外观设计	数量/件	2 198	6 938	14 017	17 492	21 940	23 349	9 422
		占比/%	26.25	14.25	9.79	9.38	9.15	8.97	9.71
	合计	数量/件	8 373	48 695	143 106	186 530	239 853	260 161	97 000
		占比/%	100	100	100	100	100	100	100
授权量	发明	数量/件	599	6 704	25 757	32 019	38 535	42 546	41 895
		占比/%	14.43	18.95	25.33	28.99	28.07	23.81	23.73
	实用新型	数量/件	1 725	19 730	60 861	63 064	78 935	113 318	112 279
		占比/%	41.56	55.76	59.84	57.10	57.50	63.41	63.58
	外观设计	数量/件	1 827	8 951	15 087	15 357	19 812	22 842	22 409
		占比/%	44.01	25.30	14.83	13.91	14.43	12.78	12.69
	合计	数量/件	4 151	35 385	101 705	110 440	137 282	178 706	176 583
		占比/%	100	100	100	100	100	100	100

数据来源：根据 CNRDS 数据库相关数据整理而得。

▶ 第3章 风险投资、商业信用与供应链协同创新现状分析

表3-2描述了2005—2019年中国A股上市公司客户专利申请量与授权量的专利类型分布。在专利数量方面,中国A股上市公司客户专利申请数量和授权数量尽管出现一定程度的波动,但整体上呈现增加趋势,分别由104件、128件增加至45 473件和44 000件,年均增长速度分别为54%和52%。在专利类型分布方面,2010年以来,无论是发明专利的申请数量占比还是授权数量占比,均维持在40%左右。

表3-2　2005—2019年中国A股上市公司客户专利申请量与授权量的专利类型分布

	年份		2005	2010	2015	2016	2017	2018	2019
申请量	发明	数量/件	9	25 475	32 472	35 446	28 863	25 683	18 105
		占比/%	8.65	44.54	44.90	46.75	43.62	43.01	39.81
	实用新型	数量/件	86	6 247	7 379	4 931	8 439	8 349	9 263
		占比/%	82.69	10.92	10.20	6.50	12.75	13.98	20.37
	外观设计	数量/件	9	25 475	32 472	35 446	28 863	25 683	18 105
		占比/%	8.65	44.54	44.90	46.75	43.62	43.01	39.81
	合计	数量/件	104	57 197	72 323	75 823	66 165	59 715	45 473
		占比/%	100	100	100	100	100	100	100
授权量	发明	数量/件	25	27 210	16 559	21 903	17 323	16 626	18 258
		占比/%	19.53	45.12	38.88	45.56	43.51	52.84	41.50
	实用新型	数量/件	78	5 884	9 477	4 269	5 171	8 214	7 484
		占比/%	60.94	9.76	22.25	8.88	12.99	26.10	17.01
	外观设计	数量/件	25	27 210	16 559	21 903	17 323	6 626	18 258
		占比/%	19.53	45.12	38.88	45.56	43.51	21.06	41.50
	合计	数量/件	128	60 304	42 595	48 075	39 817	31 466	44 000
		占比/%	100	100	100	100	100	100	100

数据来源:根据CSMAR数据库和中国专利数据库相关数据整理而得。

表3-3描述了2005—2019年中国A股上市公司供应商专利申请量与授权量的专利类型分布。在专利数量方面,中国A股上市公司供应商专利申请数量和授权数量尽管出现一定程度的波动,但整体上呈现增加趋势,分别由104件、126件增加至44 100件和36 346件,年均增长速度分别为54%

和50%。在专利类型分布方面,2015年以来,无论是发明专利的申请数量占比还是授权数量占比,均维持在40%左右。

表3-3 2005—2019年中国A股上市公司供应商专利申请量与授权量的专利类型分布

	年份		2005	2010	2015	2016	2017	2018	2019
申请量	发明	数量/件	12	126	27 653	19 544	15 361	14 262	19 238
		占比/%	11.54	15.81	45.23	44.82	42.72	40.65	43.62
	实用新型	数量/件	80	545	5 831	4 515	5 236	6 561	5 624
		占比/%	76.92	68.38	9.54	10.35	14.56	18.70	12.75
	外观设计	数量/件	12	126	27 653	19 544	15 361	14 262	19 238
		占比/%	11.54	15.81	45.23	44.82	42.72	40.65	43.62
	合计	数量/件	104	797	61 137	43 603	35 958	35 085	44 100
		占比/%	100	100	100	100	100	100	100
授权量	发明	数量/件	25	40	12 184	11 996	8 713	8 112	15 838
		占比/%	19.84	20.51	40.35	42.82	40.14	37.16	43.58
	实用新型	数量/件	76	115	5 826	4 025	4 282	5 607	4 670
		占比/%	60.32	58.97	19.30	14.37	19.73	25.68	12.85
	外观设计	数量/件	25	40	12 184	11 996	8 713	8 112	15 838
		占比/%	19.84	20.51	40.35	42.82	40.14	37.16	43.58
	合计	数量/件	126	195	30 194	28 017	21 708	21 831	36 346
		占比/%	100	100	100	100	100	100	100

数据来源:根据CSMAR数据库和中国专利数据库相关数据整理而得。

上市公司客户与供应商的专利数量远低于上市公司自身的专利数量,这在一定程度上表明,在供应链中,上市公司仍是技术创新活动的主体。此外,上市公司客户与供应商的专利数量的年度变化出现一定程度的波动,远不如上市公司稳定,这与上市公司的供应商与客户每年都会出现一定程度的变更有关,但同时也意味着,在供应链中,企业的供应商和客户的技术创新水平存在较大差异。

上述事实表明,首先,中国企业及其所在供应链的专利产出主要以实用新型专利和外观设计专利为主,发明专利的占比较低,专利类型分布并不合理,专利质量有待进一步提升。其次,在供应链中,客户与供应商的专利产出与上市公司的专利产出并不匹配,在创新产出方面存在较大差异,上市公司作为供应链中的创新主体,并未发挥出带动上下游企业协同创新的作用。

3.4 风险投资、商业信用与供应链协同创新的关联特征

为初步判定风险投资、商业信用与供应链协同创新之间的相关性,本部分将选择 2005—2019 年中国 A 股上市公司为研究样本,对这三个方面的代理变量进行 Person 相关系数检验。

风险投资方面,风险投资(VC)的代理变量用虚拟变量定义,如果上市公司的前十大股东中有风险投资,则该公司存在风险投资背景,虚拟变量 VC 取值为 1,否则取值为 0。

商业信用方面,商业信用供给规模(TCS)以应收账款和应收票据总和来衡量,并以总资产对其进行标准化;商业信用融资规模(TCD)以应付账款、应付票据的总和来衡量,并以总资产对其进行标准化;商业信用供给期限(TCSDur)以账龄超过 1 年的应收账款除以年末总资产表示;商业信用融资期限(TCDDur)以账龄超过 1 年的应付账款除以年末总资产表示。

供应链协同创新方面,企业技术创新水平(PT)以企业发明专利的申请数量衡量企业的技术创新水平,并在加 1 之后取自然对数;供应商技术创新水平(SPT)以前五大供应商发明专利的申请数量之和衡量供应商的技术创新水平,并在加 1 之后取自然对数;客户技术创新水平(CPT)以前五大客户发明专利的申请数量之和衡量客户的技术创新水平,并在加 1 之后取自然对数;供应链总体技术创新水平(SCPT)以上市公司的前五大客户、前五大供应商以及上市公司自身发明专利的申请数量之和衡量供应链总体技术创新水平,并在加 1 之后取自然对数。

风险投资、商业信用与供应链协同创新的相关性检验结果见表 3-4。在风险投资与商业信用的相关性方面,VC 与 TCS、TCSDur、TCD、TCDDur 的相关系数分别为 0.108、−0.013、0.046、−0.030,且均在 1% 或 5% 的置信水平下通过了检验,表明风险投资与企业的商业信用规模呈正相关,与商业信用期限呈负相关。

在商业信用与供应链协同创新的相关性方面,TCS 与 CPT 的相关系数为 0.057,且在 1% 的置信水平下通过了检验,表明企业的商业信用供给规

模与客户的技术创新水平呈正相关;TCSDur 与 PT 的相关系数为 -0.070,且在 1% 的置信水平下通过了检验,表明企业的商业信用供给期限与企业的技术创新水平呈负相关;TCD 与 PT 的相关系数为 0.158,且在 1% 的置信水平下通过了检验,表明企业的商业信用融资规模与企业的技术创新水平呈正相关;TCDDur 与 SPT 的相关系数为 -0.033,且在 1% 的置信水平下通过了检验,表明企业的商业信用融资期限与供应商的技术创新水平呈负相关。

表 3-4 风险投资、商业信用与供应链协同创新的相关性检验结果

变量	VC	TCS	TCSDur	TCD	TCDDur
VC	1				
TCS	0.108***	1			
TCSDur	-0.013**	0.522***	1		
TCD	0.046***	0.463***	0.250***	1	
TCDDur	-0.030***	0.125***	0.306***	0.322***	1
PT	0.042***	0.234***	-0.070***	0.158***	-0.002
SPT	0.032***	0.021	0.018	-0.004	-0.033***
CPT	0.019***	0.057***	0.041	0.003	0.003
SCPT	0.045***	0.236***	0.077***	0.151***	-0.004
	PT	SPT	CPT	SCPT	
PT	1				
SPT	0.020***	1			
CPT	0.048***	0.134***	1		
SCPT	0.939***	0.180***	0.320***	1	

注:***、**、* 分别对应 1%、5%、10% 显著性水平。

在风险投资与供应链协同创新的相关性方面,VC 与 PT、SPT、CPT、SCPT 的相关系数分别为 0.042、0.032、0.019 和 0.045,且均在 1% 的置信水平下通过了检验,表明风险投资与被投企业的技术创新水平、供应商的技术创新水平、客户的技术创新水平以及供应链的整体技术创新水平呈正相关。

结合上述三个方面的相关检验,可以看出,从供应商—企业的视角来看,风险投资不仅可以促使供应商提供更多的商业信用,促进企业的技术创

新,而且可以促使企业及时偿还账款,提高供应商现金流的高效运转,促进供应商的技术创新,最终提高彼此的技术创新水平。由此,可以初步认为风险投资通过改善供应商—企业之间的商业信用进而促进二者的协同创新。从企业—客户的视角来看,风险投资不仅可以促使企业提供更多的商业信用,促进客户的技术创新,而且可以促使客户及时偿还账款,提高企业现金流的高效运转,促进企业的技术创新,最终提高彼此的技术创新水平。由此,可以认为初步风险投资通过改善企业—客户之间的商业信用进而促进二者的协同创新。从供应链整体视角来看,风险投资不仅可以促进供应商—企业之间的协同创新,还能促进企业—客户之间的协同创新,最终提高供应链整体的技术创新水平。综上所述,可以初步认为风险投资通过改善商业信用促进了供应链协同创新。

3.5 本章小结

本章主要对风险投资、商业信用与供应链协同创新的基本现状进行描述性分析。首先,利用历年《中国创业投资发展报告》相关数据对风险投资发展现状进行描述性分析;其次,利用 CSMAR 数据库和 WRDS 数据库相关数据,从供需双方的视角对商业信用供给规模与期限的现状进行描述性分析;再次,利用 CSMAR 数据库、CNRDS 数据库以及中国专利数据库相关数据对供应链协同创新的现状进行描述性分析;最后,利用 CSMAR 数据库、CNRDS 数据库以及中国专利数据库相关数据对风险投资、商业信用与供应链协同创新三个方面进行相关性分析。由此,得出以下四点结论。

第一,风险投资作为资本市场的重要组成部分,在过去几十多年的发展当中,由最初致力于为中小企业自主创新与发展服务,到如今全面支持国家经济发展,除了发展规模不断壮大之外,其所投资的行业分布和投资阶段分布也日益合理,几乎覆盖了全部行业和全部生命周期企业。

第二,中国企业的商业信用规模相对较低,商业信用期限相对较长,金融危机等外部环境会影响企业的商业信用决策,并且不同行业和所有制的企业在商业信用决策方面存在显著差异。

第三,中国企业及其所在供应链的专利产出主要以实用新型专利和外观设计专利为主,发明专利的占比较低,专利类型分布并不合理,专利质量有待进一步提升。此外,在供应链中,客户与供应商的专利产出与上市公司的专利产出并不匹配,在创新产出方面存在较大差异,上市公司作为供应链中的创新主体,并未发挥出带动上下游企业协同创新的作用。

第四,风险投资、商业信用与供应链协同创新方面存在显著的相关性,初步发现风险投资有望通过改善商业信用促进供应链协同创新。

▶ 第 4 章

风险投资与商业信用——基于供给方的视角

第4章 风险投资与商业信用——基于供给方的视角

4.1 引言

在第2章的文献综述指出,商业信用存在供需双方,而且在供需双方中,商业信用一旦发生,必然包含着规模与期限两个方面。因此,在本章中,我们主要从商业信用供给方的视角,研究风险投资对被投企业商业信用规模及期限的影响,即研究风险投资对商业信用供给规模及商业信用供给期限的影响。如果风险投资能够促使被投企业向客户提供更多的商业信用,增加商业信用供给规模,同时又能促使客户及时偿还账款,降低商业信用供给期限,那么我们认为风险投资可以改善企业—客户之间的商业信用。

已有的研究表明,企业提供商业信用,既可以提升企业在产品市场的竞争能力(Fisman et al.,2004;Bougheas et al.,2009;徐晓萍 等,2009;余明桂 等,2010a;胡泽 等,2014),还能提升企业价值(Ferrando et al.,2013),促进信贷资源的二次分配(Cunat,2007;王彦超,2014),提高信贷资源的配置效率(余明桂 等,2010b;于欢,2016),促使金融更好地服务于实体经济(宋华 等,2021)。在研究风险投资对商业信用供给及期限的影响之前,首先对商业信用供给规模及期限的影响因素进行分析。

在商业信用供给规模方面,企业的商业信用供给规模主要依赖于企业提供商业信用的动机与能力。既有文献对此进行了一定的研究,并提出了若干理论假说:从动机的角度,学者们提出的竞争假说认为,企业提供商业信用,是希望提高自身行业竞争力并锁定客户,以提高经营业绩(Fisman et al.,2004;余明桂 等,2010a;胡泽 等,2014;Chod et al.,2019);从能力的角度,学者们提出的再分配假说认为,只有易于获得外部融资的企业,才有能力将自身获得的外部融资以商业信用的形式,再分配给那些难以获得外部融资的企业(Nilsen,2002;余明桂 等,2010b;王彦超,2014)。在商业信用供给期限方面,客户集中度是重要的影响因素,如果客户集中度较高,那么客户在与企业的相对关系中处于相对强势地位,议价能力较强,为了保证自身的流动性,确保自身拥有充足的现金流用于日常发展,会通过拖欠应付账款以及延长账期等方式侵占企业的流动性资金(于博 等,2019)。

风险投资对企业的商业信用供给规模以及商业信用供给期限会有怎样的影响?现有文献尚未解答。结合上述分析,本书认为,风险投资进入被投企业后,不仅会提供信号认证、监督治理以及资金支持等服务,通过改变动机和能力来影响被投企业的商业信用供给规模,还会通过丰富的社会网络资源拓宽企业销售渠道,通过影响客户集中度来影响商业信用供给期限。在商业信用供给规模方面,从动机的角度来看,根据竞争假说,风险投资为了保证投资收益会通过监督治理被投企业以提高经营业绩,这会提高被投企业提供更多商业信用的动机;从能力的角度来看,风险投资可以为被投企业提供资金支持,根据再分配假说,这会提高被投企业提供更多商业信用的能力。此外,在商业信用供给期限方面,风险投资具有丰富的社会网络资源,可以有效降低被投企业的客户集中度,提升自身议价能力,进而提高应收款项的收取能力,减少客户的"敲竹杠"行为,从而缩短被投企业的商业信用供给期限。

基于上述分析,本章通过系统研究风险投资对被投企业商业信用供给规模以及商业信用供给期限的影响及其机制,并进一步比较研究风险投资异质性特征和企业异质性特征如何影响风险投资在企业商业信用供给规模及其期限中的作用。

4.2 理论分析与研究假说

商业信用供给是企业维护客户关系、保持对市场的统治力和提高自身竞争力的关键,也是企业展示自身实力的重要方式,对企业的发展极为重要,因而引起了实务界以及理论界的广泛关注。企业提供商业信用的规模依赖于供给方提供商业信用的动机与能力,提供商业信用的期限依赖于企业应收款项的收取能力。风险投资作为企业的重要参与者,不仅会影响企业提供商业信用的动机和能力,还会影响企业应收款项的收取能力。那么,风险投资如何影响被投企业的商业信用供给规模和商业信用供给期限?现有文献尚未解答,下面对此进行理论分析。

4.2.1 风险投资对被投企业商业信用供给规模的影响

根据传统的商业信用理论,从供给方的视角来看,企业提供商业信用主要源于经营性动机,包括产品质量保证动机(Smith,1987;Long et al.,1993;Deloof et al.,1996)、维护客户关系动机(Wilner,2000)以及降低交易成本动

第4章 风险投资与商业信用——基于供给方的视角

机(Ferris,1981;Brick et al.,1984;Emery,1987)等。虽然上述动机一定程度上都在实务中得到了检验,但是仍然有一些企业,即便经营和财务状况较差,却提供了更多的商业信用。为了解释上述现象,Fisman 等(2004)提出竞争假说,认为这些企业提供商业信用主要是为了提升自身的市场竞争力,随后该假说得到了广泛验证。此外,除了从动机的视角解释商业信用供给外,Nilsen(2002)认为企业提供商业信用是由其资金状况决定的,从而提出再分配假说,从能力的视角解释了商业信用供给。结合本书的研究以及风险投资的特点,本部分主要利用竞争假说和再分配假说分析风险投资如何影响企业提供商业信用的动机与能力从而改变商业信用供给规模的。

本书认为,风险投资可能会增加企业的商业信用供给规模,因为风险投资为了保证投资收益,会通过管理层股权激励的方式促使管理层努力提高业绩。根据竞争假说,这会提高企业提供商业信用的动机,从而增加企业的商业信用供给规模。另外,风险投资还可以为企业提供资金支持,根据再分配假说,这会提高企业提供商业信用的能力,从而增加企业的商业信用供给规模。

本书将利用竞争假说,分析风险投资如何影响企业提供商业信用的动机。竞争假说认为,由于供应商提供的商业信用帮助客户承担了货款的周转成本,对客户而言是一种价格折扣(Summers et al.,2002),供应商通过这种方式可以有效吸引客户。因此,对供应商而言,商业信用可以作为一种市场竞争手段,用于锁定客户,防止客户选择其他替代性供应商,甚至通过抢夺其他供应商的客户以提高企业经营业绩(Fisman et al.,2004;余明桂 等,2010a;胡泽 等,2014;Chod et al.,2019)。由此可见,根据商业信用供给的竞争假说,企业可以通过提供商业信用的方式提高企业经营业绩。

风险投资作为股权融资方式的一种,其投资收益与被投企业的估值密切相关。由于外部投资者通常以企业的经营业绩来衡量上市公司质量,并通过"用脚投票"反映在股价上(施新政 等,2019;王垒 等,2020),因此,风险投资为了保证其投资收益,有强烈的动机提高被投企业的经营业绩(Gompers et al.,2020)。

风险投资主要通过提供监督与治理服务,缓解被投企业管理层因追逐私利等因素导致的委托代理问题,提高被投企业的治理水平,进而提高被投企业的经营业绩(陈思 等,2017;李善民 等,2019)。具体而言,风险投资可以通过设计或优化管理层股权激励机制,将管理层利益与企业的经营业绩相联系(蒋岳祥 等,2020),使得企业的管理层利益与企业的经营业绩挂钩,进而会对企业的管理层造成业绩压力,同时激励企业的管理层努力提高企业的经营业绩(谢德仁 等,2018)。根据竞争假说,在实施了管理层股权激励之后,企业的管理层为了获得股权激励的高额收益,有动机采用提供商业信用的竞争手段,提高企业的经营业绩,即风险投资可以提高企业提供商业信用的动机,从而增加企业的商业信用供给规模。

以上根据竞争假说,分析了风险投资如何提高企业提供商业信用的动机,而企业提供商业信用不仅依赖于动机,还依赖于提供商业信用的能力。因此,接下来将根据再分配假说,分析风险投资如何提高企业提供商业信用的能力。

再分配假说认为,企业提供商业信用的能力是由其资金状况决定的,企业只有在拥有良好的资金状况下才有能力对客户提供商业信用,因此那些易于获得外部融资的企业才有能力具备金融中介功能,可以将自身获得的外部融资以商业信用的形式再分配给那些难以获得外部融资的下游企业(Nilsen,2002;余明桂 等,2010b;王彦超,2014)。由此可见,根据商业信用供给的再分配假说,企业若想提供商业信用,需要拥有充足的资金支持。

风险投资进入企业后,可以为企业的商业信用供给提供资金支持,增加企业的商业信用供给规模。首先,风险投资作为外源性融资方式之一,可以直接通过股权融资的方式,为企业的商业信用供给提供资金支持,缓解相应的资金缺口,有助于增加企业的商业信用供给规模。其次,风险投资具有认证功能,可以向外界传达出关于企业价值的积极信号(Megginson et al.,1991;Martí et al.,2018;李善民 等,2019),有效降低企业与外部投资者之间的信息不对称程度,提高外部投资者的投资意愿,降低企业的融资成本(陈思 等,2017),为企业带来更多的外部融资,有助于增加企业的商业信用供给规模。最后,风险投资具有关系网络,可以将自己对于企业价值的判断传递给风险投资关系网络中的成员,有效拓宽企业的融资渠道,帮助企业从关系网络中获得更多的外部融资,这也有助于增加企业的商业信用供给规模(Tian,2012;吴超鹏 等,2017)。根据再分配假说,风险投资可以为企业提供资金支持,提高企业提供商业信用的能力,从而增加企业的商业信用供给规模。

基于以上分析,提出假说 H1:风险投资会增加被投企业的商业信用供给规模。

4.2.2 风险投资对被投企业商业信用供给期限的影响

风险投资可能会缩短企业的商业信用供给期限,因为风险投资具有丰富的社会网络资源,可以有效降低企业的客户集中度,提升自身议价能力,进而提高应收款项的收取能力,减少客户的"敲竹杠"行为,缩短企业的商业信用供给期限。

当企业的客户集中程度较高时,企业生产的产品主要销售给少数几个固定的客户,企业销售给每一个大客户的产品所占的份额均相对较大,失去任何一个客户都会对企业的销售业绩产生重大影响,那么企业对这些客户的依赖程度相对较高,从而导致企业在与客户的关系中处于相对弱势地位,企业的议价能力也会相对较弱,从而无法阻止强势的客户通过拖欠应付款项以及延长账期等方式侵占企业的流动性资金(于博 等,2019),最终延长了企业的商业信用供给期限(江伟 等,2021)。此外,由于主要几个大客户贡献了企业绝大部分的销售收入,为了表达与这些客户保持良好合作关系的意愿与能力,企业会通过牺牲自己的流动性资金,来为客户提供期限更长的商业信用(Itzkowitz,2013;章铁生 等,2021)。具体而言,一方面,由于提供更长期限的商业信用会使企业面临更高的经营风险和财务风险,付出更高的风险成本,因此企业提供宽松的商业信用政策有助于表达其与客户建立良好合作关系的一种意愿(Smith,1987);另一方面,企业不惜付出更高的风险成本以提供更长期限的商业信用,也会向客户传递出企业经营状况良好的积极信号,从而让客户相信企业维护良好合作关系的能力较强(Wilson et al. ,2002)。

当企业的客户集中程度较低时,企业生产的产品可以销售给众多客户,企业销售给每一个客户的产品所占的份额相对较小,那么企业对这些客户的依赖程度相对较低,从而导致企业在与客户的关系中处于相对强势地位,企业的议价能力也会相对较强,应收款项的收取能力也会相对提高。如果客户恶意拖欠应付款项或延长账期,企业可以终止与客户的关系,而不会对企业的销售业绩产生较大影响。此外,较低的客户集中度意味着企业在市场中客户众多,每个客户对企业销售收入的贡献较小,因而企业没有必要承担经营风险与财务风险,没有必要通过提供更长期限的商业信用以维护与客户的合作关系。因而,企业会更加及时地催收客户的应付款项,避免提供更长期限的商业信用。

由此可见,当企业的客户集中程度越高时,企业提供的商业信用的期限越长,而当企业的客户集中程度越低时,企业提供的商业信用的期限越短。因此,降低企业的客户集中度,可以有效缩短企业的商业信用供给期限。

风险投资长期的投资经验积累了丰富的社会网络资源,利用社会网络,风险投资可以帮助被投企业获得更多的异质性资源。Gorman 等(1989)指出,风险投资与猎头、律师、投资银行等有着紧密的联系,当风险投资进入被投企业后,会利用自身的社会网络来帮助企业发展。Barry 等(1990)和 Hochberg 等(2007)发现,风险投资与商业银行以及投资银行之间存在的紧密联系会形成广泛的社会网络,这些社会网络对被投企业的发展也具有重要的积极作用。风险投资进入企业后,可以利用自己丰富的网络资源与人际关系,帮助被投企业寻找更多的潜在客户,有效拓宽企业的销售渠道(Proksch et al.,2017)。首先,风险投资会根据自己掌握的社会网络资源,结合企业的业务范畴,向企业推荐潜在的客户;其次,风险投资会充当企业与潜在客户之间的桥梁,帮助企业与潜在客户建立联系;最后,在企业与客户交易谈判的过程中,风险投资也会为企业提供咨询服务,帮助企业在交易谈判中尽可能取得优势的同时与客户达成合作。风险投资通过上述过程,可以帮助企业从其关系网络中获得更多的客户,拓宽销售渠道,进而降低企业的客户集中度,缩短企业的商业信用供给期限。

基于以上分析,提出假说 H2:风险投资会缩短被投企业的商业信用供给期限。

4.3 研究设计

4.3.1 样本选择与数据来源

本章选择 2005—2019 年沪深 A 股所有上市公司为研究样本,并对所选样本进行以下步骤的筛选:① 剔除样本中 ST、*ST 等非正常上市公司;② 剔除金融类上市公司;③ 若公司相关数据在样本期间内缺失,则通过查询相关公司的年报等对缺失值进行补充；如果查询不到相关数据，则剔除相关观测值。为了消除极端值可能产生的影响，对所有连续变量在1%以及99%的分位数上采取了缩尾处理。本章涉及的数据主要来自CSMAR数据库和CVSource数据库。

在本章的研究中，对于风险投资背景的识别，主要参考吴超鹏等（2012）、李善民等（2019）、Huang等（2021）的方法：如果上市公司的前十大股东包含"风险投资""风投""创业投资""创投""创业资本投资"等关键词，则认为该股东属于风险投资机构，该企业具有风险投资背景；上市公司前十大股东的名称如果被CVSource数据库收录在内，则认为该股东属于风险投资机构，该企业具有风险投资背景。

4.3.2 变量说明

4.3.2.1 被解释变量

商业信用供给规模（TCS）。本书参考陈胜蓝等（2019）、Wu等（2021）的研究，以应收账款和应收票据总和来衡量公司提供商业信用的规模，并以年末总资产对其进行标准化。

商业信用供给期限（TCSDur）。马黎珺等（2016）指出，商业信用供给期限的最直接反映是企业提供给客户应收款项的实际天数，但是该指标属于企业内部的管理信息，并非公开的财务信息，即便是上市公司也不会披露商业信用供给期限的具体信息。上市公司在财务报表附注中以年为单位将应收账款的账龄进行划分，详细披露了不同账龄的应收账款信息，这为考察商业信用供给期限提供了可能。受限于数据的可获得性，本书参考Wu等（2014）、陈胜蓝等（2018）的研究，将应收账款的账龄超过1年的部分定义为期限较长的商业信用供给。Wu等（2014）、陈胜蓝等（2018）指出，长期的应收账款的减少意味着企业在加速回收商业信用供给，即企业正在缩短商业信用供给期限。具体而言，商业信用供给期限（TCSDur），用账龄超过1年的应收账款除以年末总资产表示。

4.3.2.2 解释变量

风险投资（VC）。参考吴超鹏等（2012）、陈思等（2017）的研究，如果上市公司的前十大股东中有风险投资,则该公司存在风险投资背景,虚拟变量 VC 取值为 1,否则取值为 0。

4.3.2.3 控制变量

本书参考吴超鹏等(2012)、陈胜蓝等(2018)的研究,选择的控制变量包括:股权集中度(Top1)、企业规模(Size)、成长能力(Groth)、现金流量比率(Cash)、盈利能力(ROA)、财务杠杆(Level)、企业年龄(Age)、固定资产占比(PPE)、存货占比(Invent)、财务费用率(FER)以及毛利率(GPM)等。其中,股权集中度以企业第一大股东持股比例表示;企业规模以企业年末总资产的自然对数表示;成长能力以企业营业总收入年增长率表示;现金流量比率以企业经营性活动产生现金净流量除以营业总收入表示;盈利能力以企业净利润除以年末总资产表示;财务杠杆以企业年末总负债除以年末总资产表示;企业年龄以当期年份与企业成立年份之差表示;固定资产占比以企业固定资产除以年末总资产表示;存货占比以企业存货除以年末总资产表示;财务费用率以企业财务费用除以年末总资产表示;毛利率以企业营业总收入与营业总成本之差除以营业总收入表示。本章变量的定义方式如表 4-1 所示。

表 4-1 变量定义表

变量名称	变量符号	变量定义
商业信用供给规模	TCS	(应收账款+应收票据)/年末总资产
商业信用供给期限	TCSDur	账龄超过一年的应收账款/年末总资产
风险投资	VC	存在风险投资背景,取值为 1,否则取值为 0
股权集中度	Top1	第一大股东持股比例
企业规模	Size	年末总资产的自然对数
成长能力	Groth	营业总收入年增长率
现金流量比率	Cash	经营性活动产生现金净流量/营业总收入
盈利能力	ROA	净利润/年末总资产
财务杠杆	Level	总负债/年末总资产
企业年龄	Age	当期年份−成立年份
固定资产占比	PPE	固定资产/年末总资产

表 4-1（续）

变量名称	变量符号	变量定义
存货占比	Invent	存货/年末总资产
财务费用率	FER	财务费用/年末总资产
毛利率	GPM	（营业总收入－营业总成本）/营业总收入

4.3.3 模型设定

为了检验风险投资对被投企业商业信用供给规模的影响，构建如下计量模型：

$$\mathrm{TCS}_{i,t+1}=\alpha_0+\alpha_1\mathrm{VC}_{i,t}+X_{i,t}+\lambda_i+\tau_t+\varepsilon_{i,t} \qquad (4\text{-}1)$$

其中，$\mathrm{TCS}_{i,t+1}$ 表示企业 i 第 $t+1$ 年的商业信用供给规模，$\mathrm{VC}_{i,t}$ 表示企业 i 第 t 年是否有风险投资背景，$X_{i,t}$ 为控制变量，λ_i 为企业个体固定效应，τ_t 为时间固定效应，$\varepsilon_{i,t}$ 为随机扰动项。在模型（4-1）中，如果 VC 的系数 α_1 显著为正，表明风险投资会增加被投企业的商业信用供给规模，那么假说 H1 得到验证。

为了检验风险投资对被投企业商业信用供给期限的影响，构建如下计量模型：

$$\mathrm{TCSDur}_{i,t+1}=\alpha_0+\alpha_1\mathrm{VC}_{i,t}+X_{i,t}+\lambda_i+\tau_t+\varepsilon_{i,t} \qquad (4\text{-}2)$$

其中，$\mathrm{TCSDur}_{i,t+1}$ 表示企业 i 第 $t+1$ 年的商业信用供给期限，其他变量定义与模型（4-1）一致。在模型（4-2）中，如果 VC 的系数 α_1 显著为负，表明风险投资会缩短被投企业的商业信用供给期限，那么假说 H2 得到验证。

4.3.4 描述性统计与相关性分析

表 4-2 给出了本章所涉及的主要变量的描述性统计。商业信用供给规模（TCS）的平均值为 15.208，表明样本内企业的平均商业信用供给规模为 15.208%，中位数为 12.969，最小值为 0.312，最大值为 51.105，标准差为 11.362。商业信用供给期限（TCSDur）的平均值为 3.397，中位数为 1.252，最大值为 27.380，最小值为 0，标准差为 5.113。风险投资（VC）的平均值为 0.244，表明样本内有 24.4% 的观测值有风险投资背景。

表 4-2 主要变量的描述性统计

变量	观测值	平均值	中位数	最小值	最大值	标准差
TCS	25 678	15.208	12.969	0.312	51.105	11.362
TCSDur	22 888	3.397	1.252	0.000	27.380	5.113
VC	29 820	0.244	0.000	0.000	1.000	0.430
Size	29 820	22.024	21.847	19.604	26.094	1.287
Top1	29 820	35.399	33.355	8.800	74.960	15.082
Level	29 820	44.803	44.876	5.585	90.811	20.695
Cash	29 820	7.899	7.642	−127.724	82.201	23.243
ROA	29 820	3.569	3.475	−27.690	19.024	6.013
Groth	29 820	0.194	0.120	−0.607	2.918	0.449
Age	29 820	15.535	15.000	4.000	30.000	5.657
PPE	29 820	23.526	20.053	0.201	72.960	17.283
Invent	29 820	15.643	11.945	0.002	73.070	14.569
FER	29 820	0.802	0.665	−1.669	4.194	1.138
GPM	29 820	4.510	5.285	−117.547	45.425	19.386

表 4-3 给出了本章所涉及的主要变量的相关性分析结果。风险投资（VC）与商业信用供给规模（TCS）的相关系数为 0.108，且在 1% 的置信水平下显著，表明风险投资（VC）与商业信用供给规模（TCS）显著正相关，这初步验证了假说 H1。风险投资（VC）与商业信用供给期限（TCSDur）的相关系数为 −0.013，且在 5% 的置信水平下显著，表明风险投资（VC）与商业信用供给期限（TCSDur）显著负相关，这初步验证了假说 H2。

表 4-3 主要变量的相关性分析

变量	TCS	TCSDur	VC	Size	Top1	Level	Cash
TCS	1						
TCSDur	0.522***	1					
VC	0.108***	−0.013**	1				
Size	−0.117***	−0.059***	0	1			

表 4-3（续）

变量	TCS	TCSDur	VC	Size	Top1	Level	Cash
Top1	−0.069***	−0.068***	−0.090***	0.208***	1		
Level	−0.038***	0.098***	−0.070***	0.430***	0.057***	1	
Cash	−0.143***	−0.144***	−0.027***	0.045***	0.055***	−0.130***	1
ROA	0.015**	−0.158***	0.012**	0.042***	0.122***	−0.372***	0.225***
Groth	0.040***	−0.018***	0.060***	0.066***	0.022***	0.040***	0.025***
Age	−0.051***	−0.017**	0.011*	0.207***	−0.148***	0.112***	−0.031***
PPE	−0.263***	−0.208***	−0.077***	0.050***	0.090***	0.082***	0.232***
Invent	−0.102***	−0.034***	−0.046***	0.082***	0.053***	0.309***	−0.254***
FER	−0.067***	0.020***	−0.066***	0.164***	−0.043***	0.627***	−0.014**
GPM	−0.021***	−0.128***	0.022***	0.111***	0.146***	−0.256***	0.325***

变量	ROA	Groth	Age	PPE	Invent	FER	GPM
ROA	1						
Groth	0.209***	1					
Age	−0.060***	−0.029***	1				
PPE	−0.098***	−0.079***	−0.089***	1			
Invent	−0.068***	0.030***	0.049***	−0.343***	1		
FER	−0.379***	−0.040***	0.034***	0.367***	0.046***	1	
GPM	0.725***	0.219***	−0.083***	−0.032***	−0.024***	−0.308***	1

注：***、**、*分别对应1%、5%、10%显著性水平。

4.4 实证结果及分析

4.4.1 风险投资对被投企业商业信用供给规模以及期限的影响

4.4.1.1 单变量检验

表 4-4 描述了单变量检验的结果。对 TCS 进行单变量检验时，从样本

分布来看,有风险投资的样本有 6 051 个观测值,无风险投资的样本有 19 627 个观测值。在有风险投资的样本中,无论是 TCS 的平均值还是中位数,均显著高于无风险投资的样本。这一结果初步验证了假说 H1,即风险投资会增加被投企业的商业信用供给规模。

对 TCSDur 进行单变量检验时,从样本分布来看,有风险投资的样本有 6 237 个观测值,无风险投资的样本有 16 651 个观测值。在有风险投资的样本中,无论是 TCSDur 的平均值还是中位数,均显著低于无风险投资的样本。这一结果初步验证了假说 H2,即风险投资会缩短被投企业的商业信用供给期限。

表 4-4 单变量检验

变量	有风险投资(VC=1)			无有风险投资(VC=0)			样本差异检验	
	样本量	平均值	中位数	样本量	平均值	中位数	平均值	中位数
TCS	6 051	17.420	15.77	19 627	14.526	12.118	2.894***	3.652***
TCSDur	6 237	3.286	0.926	16 651	3.439	1.342	−0.153**	−0.416***

注:***、**、* 分别对应 1%、5%、10%显著性水平,平均值差异检验为 T 检验,中位数差异检验为 Wilcoxon 秩和检验。

4.4.1.2 多元回归分析

采用 F 检验和 Hausman 检验来判断模型(4-1)和模型(4-2)是否具备最佳适应性,检验结果表明,模型(4-1)和模型(4-2)所设定的固定效应模型适用性最佳。

表 4-5 描述了模型(4-1)和模型(4-2)的回归结果。第(1)列为基线回归,只控制了个体固定效应,第(2)列在第(1)列的基础上加入了控制变量,第(3)列在第(2)列的基础上控制了年份固定效应。第(1)列至第(3)列中,VC 的系数始终显著为正,表明风险投资可以增加被投企业的商业信用供给规模,假说 H1 得到验证。同样,第(4)至第(6)列中,VC 的系数始终显著为负,表明风险投资可以缩短被投企业的商业信用供给期限,假说 H2 得到验证。

第4章 风险投资与商业信用——基于供给方的视角

表4-5 风险投资与被投企业商业信用供给

变量	(1) TCS	(2) TCS	(3) TCS	(4) TCSDur	(5) TCSDur	(6) TCSDur
VC	0.606***	0.543***	0.503***	−0.523***	−0.533***	−0.506***
	(3.340)	(3.070)	(2.850)	(−5.490)	(−5.730)	(−5.440)
Size		−0.025	−0.093		0.086	0.057
		(−0.130)	(−0.500)		(0.780)	(0.520)
Top1		−0.002	−0.019		−0.011*	−0.010
		(−0.160)	(−1.470)		(−1.790)	(−1.560)
Level		0.017*	0.015*		0.014***	0.018***
		(1.870)	(1.680)		(2.900)	(3.650)
Cash		−0.026***	−0.027***		−0.007***	−0.006***
		(−8.400)	(−8.790)		(−4.160)	(−3.710)
ROA		−0.000	0.025		−0.038***	−0.043***
		(−0.010)	(1.270)		(−3.870)	(−4.290)
Groth		0.169	0.207*		−0.280***	−0.325***
		(1.380)	(1.710)		(−3.520)	(−4.100)
Age		0.010	−0.275		0.016	0.112
		(0.310)	(−0.570)		(0.900)	(0.700)
PPE		−0.043***	−0.052***		−0.021***	−0.021***
		(−5.240)	(−6.300)		(−4.830)	(−4.930)
Invent		−0.068***	−0.058***		−0.042***	−0.041***
		(−5.590)	(−4.910)		(−6.680)	(−6.460)
FER		0.388***	0.535***		0.351***	0.289***
		(3.590)	(4.840)		(5.930)	(4.840)
GPM		0.004	0.002		0.007**	0.006*
		(0.570)	(0.300)		(2.200)	(1.750)
Constant	15.065***	16.702***	23.438***	3.540***	2.223	1.520
	(352.330)	(4.420)	(2.620)	(136.350)	(1.020)	(0.430)
Year FE	No	No	Yes	No	No	Yes
Firm FE	Yes	Yes	Yes	Yes	Yes	Yes
N	25 678	25 678	25 678	22 888	22 888	22 888
R^2	0.001	0.020	0.055	0.003	0.032	0.074

注：1. ***、**、* 分别对应1%、5%、10%显著性水平。
2. 标准误在企业层面进行了聚类处理；下同。

4.4.2 内生性检验

在内生性检验中,结合本章的研究内容,本章主要利用倾向得分匹配法克服选择性偏误可能导致的内生性问题、利用工具变量克服反向因果可能导致的内生性问题、利用GMM动态面板回归克服被解释变量自相关可能导致的内生性问题。

4.4.2.1 倾向得分匹配

不同企业的运营发展情况存在较大差异,为了使有风险投资背景与没有风险投资背景的企业在各方面特征上尽可能相似,以具有可比性,避免选择性偏误导致的内生性问题,本书将通过倾向得分匹配法对前述实证结果进行内生性检验。

首先,按照企业是否具有风险投资背景将样本内的企业分为两组,将有风险投资背景的企业定义为实验组,没有风险投资背景的企业定义为控制组;其次,利用Logit模型计算倾向得分;最后,分别采用一对一最近邻匹配法和核匹配法对实验组与控制组进行匹配。

受限于篇幅,附录中的表1和表2分别描述了基于被解释变量TCS进行最近邻匹配和核匹配后匹配变量均衡性的检验结果,各个变量在匹配后偏差比例最大值为2.5%,远低于Rosenbaum等(1983)所设定的偏差比例的上限值20%,这表明最近邻匹配和核匹配中各个变量的匹配效果均较好。附录中的表3和表4分别描述了基于被解释变量TCSDur进行最近邻匹配和核匹配后匹配变量均衡性的检验结果,各个变量在匹配后偏差比例最大值为3.8%,这表明最近邻匹配和核匹配中各个变量的匹配效果较好。

表4-6描述了风险投资对被投企业商业信用供给规模和商业信用供给期限的平均处理效应ATT的估计值。Panel A为最近邻匹配法的结果,ATT的估计值分别为1.287和−0.214,且在1%或5%的置信水平下显著;Panel B为核匹配法的结果,ATT的估计值分别为1.402和−0.331,且在1%的置信水平下显著,这表明风险投资可以显著增加被投企业的商业信用供给规模,并显著缩短被投企业的商业信用供给期限,假说H1和H2得到验证,与前述结果保持一致。

表 4-6 ATT 估计值

变量	匹配状态	实验组	控制组	ATT	标准误	t 统计量
Panel A 最近邻匹配法						
TCS	匹配前	17.420	14.526	2.894	0.166	17.420***
	匹配后	17.430	16.143	1.287	0.238	5.400***
TCSDur	匹配前	3.288	3.439	−0.152	0.076	−2.000**
	匹配后	3.288	3.502	−0.214	0.109	−1.970**
Panel B 核匹配法						
TCS	匹配前	17.420	14.526	2.894	0.166	17.420***
	匹配后	17.367	15.965	1.402	0.189	7.420***
TCSDur	匹配前	3.288	3.439	−0.152	0.076	−2.000**
	匹配后	3.266	3.597	−0.331	0.088	−3.770***

注：***、**、* 分别对应1%、5%、10%显著性水平。

进一步，利用匹配后的样本对模型(4-1)和模型(4-2)进行回归，表4-7描述了相关回归结果。第(1)列和第(2)列为基于最近邻匹配法得到的样本，第(3)列和第(4)列为基于核匹配法得到的样本。被解释变量为TCS时，VC的系数始终显著为正，表明风险投资可以显著增加被投企业的商业信用供给规模，假说H1得到验证，与上述结果保持一致。被解释变量为TCSDur时，VC的系数始终显著为负，表明风险投资可以显著缩短被投企业的商业信用供给期限，假说H2得到验证，与上述结果保持一致。

表 4-7 基于匹配后样本的回归结果

变量	(1)	(2)	(3)	(4)
	最近邻匹配法		核匹配法	
	TCS	TCSDur	TCS	TCSDur
VC	0.897***	−0.532***	0.562***	−0.486***
	(3.830)	(−3.620)	(3.170)	(−5.170)
Control	Yes	Yes	Yes	Yes
Year FE	Yes	Yes	Yes	Yes
Firm FE	Yes	Yes	Yes	Yes

表 4-7（续）

变量	(1)	(2)	(3)	(4)
	最近邻匹配法		核匹配法	
	TCS	TCSDur	TCS	TCSDur
N	9 542	7 012	23 664	20 739
Adj. R^2	0.059	0.078	0.054	0.072

注：***、**、*分别对应1%、5%、10%显著性水平。

综合上述的实证结果可知，在排除选择性偏误导致的内生性问题可能带来的影响之后，回归结果依然支持本书的核心结论。

4.4.2.2 工具变量

上述研究表明，风险投资可以增加被投企业的商业信用供给规模，缩短被投企业的商业信用供给期限，但是风险投资在选择被投企业时通常并不是随机的，而是经过严格筛选后才作出的投资决策。因此，较高的商业信用供给规模或者较短的商业信用供给期限也有可能是风险投资的筛选条件之一，即风险投资进入企业后并不能增加企业的商业信用供给规模或缩短企业的商业信用供给期限，而是企业本身较高的商业信用供给规模或较短的商业信用供给期限更容易吸引到风险投资的青睐。为了减少反向因果导致的内生性问题，获取更稳健的估计量，本书引入工具变量，采用两阶段最小二乘法对上述实证结果进行内生性检验。

参考吴超鹏等（2012）、吴超鹏等（2017）的研究，本书将企业所属省份的风险投资的密度作为风险投资的工具变量，具体定义为企业所属省份的风险投资机构数量与该省份上市公司数量之比，以符号 VC_IV 表示。Cumming 等（2010）指出，风险投资为了减少信息不对称和监督成本，会优先选择本地企业。这种本土效用使得企业所属省份的风险投资机构密度可能会影响风险投资对被投企业的选择（吴超鹏 等，2012；吴超鹏 等，2017），但是企业如何提供商业信用是企业个体的经营决策，不会受到当地风险投资机构密度的直接影响。

表 4-8 描述了采用风险投资机构密度作为工具变量进行两阶段最小二乘法回归后的结果以及相关的统计检验。一阶段 F 统计量的值分别为 35.720 0 和 42.840 0，大于临界值10，表明内生变量 VC 与工具变量 VC_IV

第4章 风险投资与商业信用——基于供给方的视角

具有较强的相关性。不可识别检验(Underidentification Test)中 LM 统计量的值分别为 35.709 0 和 42.802 0,p 值小于 0.1,因此不可识别检验均拒绝了原假设,说明选择的工具变量与内生变量相关;弱工具变量检验(Weak Identification Test)中 Wald-F 统计量的值分别为 35.722 0 和 42.840 0,大于 Stock-Yogo 弱工具变量的临界值 16.380 0,因此弱工具变量检验拒绝了原假设,不存在弱工具变量的问题。由于工具变量的个数与内生变量的个数相同,因此不再需要进行过度识别检验。上述检验结果表明,本书所选择的工具是合理有效的。

第(1)列和第(3)列为第一阶段的回归结果,VC 为被解释变量,工具变量 VC_IV 的系数在 1% 的置信水平下显著为正,表明风险投资机构密度与企业能否获得风险投资显著正相关。第(2)列和第(4)列为第二阶段的回归结果,TCS 和 TCSDur 为被解释变量,解释变量 VC 的系数仍然显著,表明风险投资可以增加被投企业的商业信用供给规模,缩短被投企业的商业信用供给期限,假说 H1 和 H2 得到验证,与上述结果保持一致。

综合表 4-8 的结果可知,在排除反向因果导致的内生性问题可能带来的影响之后,回归结果依然支持本书的核心结论。

表 4-8 基于工具变量的内生性检验

变量	(1) VC	(2) TCS	(3) VC	(4) TCSDur
VC_IV	0.000 3***		0.000 2***	
	(6.230 0)		(6.550 0)	
VC		29.086 0***		−7.244 0***
		(4.690 0)		(−4.060 0)
Control	Yes	Yes	Yes	Yes
Year FE	Yes	Yes	Yes	Yes
Firm FE	Yes	Yes	Yes	Yes
N	25 678	25 678	22 489	22 489
一阶段 F 值	35.720 0		42.840 0	
Underidentification Test	35.709 0		42.802 0	
Weak Identification Test	35.722 0		42.840 0	

注:***、**、* 分别对应 1%、5%、10% 显著性水平。

4.4.2.3　GMM 动态面板回归

上述以应收账款和应收票据之和除以年末总资产衡量企业的商业信用供给规模,由于应收账款和应收票据可能具有自相关性,即当期的应收账款和应收票据可能是由上期积累而来,这意味着过去一期的商业信用供给规模可能会影响其当期取值。同理,上述以账龄超过 1 年的应收账款除以年末总资产衡量企业的商业信用供给期限,由于账龄超过 1 年的应收账款可能具有自相关性,即账龄超过 1 年的应收账款可能是多年积累而来,这意味着过去 1 期的商业信用供给期限可能会影响其当期取值。

因此,本书参考肖文等(2019)、田国强等(2020)、葛新宇等(2021)、宋敏等(2021)的研究方法,分别在基准模型中加入商业信用供给规模和商业信用供给期限的滞后项,并利用 GMM 动态面板回归来进行内生性检验。

表 4-9 描述了基于 GMM 动态面板的回归结果以及相关检验。第(1)列和第(2)列中,Arellano-Bond 一阶序列相关检验 AR(1)的 p 值均小于 0.1,而 Arellano-Bond 二阶序列相关检验 AR(2)的 p 值均大于 0.1,表明残差项存在一阶序列相关,但不存在二阶序列相关。Hansen 过度识别检验的 p 值均大于 0.1,无法拒绝工具变量有效的原假设,表明工具变量的选取是合理的。上述检验的结果表明,模型的设定是合理的。

第(1)列中被解释变量为 TCS,TCS 的一阶滞后项 L.TCS 的系数显著为正,表明当期的商业信用供给规模确实会受到前期值的影响。VC 的系数依然显著为正,表明风险投资可以增加被投企业的商业信用供给规模,假说 H1 得到验证,与上述结果保持一致。第(2)列中被解释变量为 TCSDur,TCSDur 的一阶滞后项 L.TCSDur 的系数显著为正,表明当期的商业信用供给期限确实会受到前期值的影响。VC 的系数依然显著为负,表明风险投资可以缩短被投企业的商业信用供给期限,假说 H2 得到验证,与上述结果保持一致。

综合表 4-9 的结果可知,在排除序列自相关可能带来的影响之后,回归结果依然支持本书的核心结论。

表 4-9　基于 GMM 动态面板回归分析的内生性检验

变量	(1)	(2)
	TCS	TCSDur
L. TCS	0.967***	
	(15.320)	
L. TCSDur		0.784***
		(11.210)
VC	0.564*	−0.649**
	(1.740)	(−2.050)
Control	Yes	Yes
Year FE	Yes	Yes
N	21 767	18 232
AR(1)	0.000	0.000
AR(2)	0.225	0.947
Hansen	0.344	0.103

注：***、**、* 分别对应 1%、5%、10% 显著性水平。

4.4.3　稳健性检验

在稳健性检验中，结合本章的研究内容，本部分主要通过剔除金融危机期间的样本以排除金融危机影响、更换被解释变量的衡量方式以排除变量定义不同产生的影响。具体检验方法、检验过程和检验结果如下所述。

4.4.3.1　排除金融危机影响

Carbo Valverde 等（2016）、Sáiz 等（2017）发现，在金融危机期间，企业的外部经营环境恶化，会对企业的商业信用决策产生重要影响。为了避免金融危机期间对本书研究结果的影响，本书剔除了金融危机相关年份的样本进行稳健性检验。

表 4-10 描述了排除金融危机影响的回归结果。第(1)列和第(2)列分别为剔除了 2018 年和 2019 年相关数据后的回归结果，被解释变量为 TCS，VC 的系数显著为正，表明风险投资会增加被投企业的商业信用供给规模，

假说 H1 得到验证,与上述结果保持一致。第(3)列和第(4)列分别为剔除了 2018 年和 2019 年相关数据后的回归结果,被解释变量为 TCSDur,VC 的系数显著为负,表明风险投资会缩短被投企业的商业信用供给期限,假说 H2 得到验证,与上述研究结果保持一致。

综合表 4-10 的结果可知,在排除金融危机可能带来的影响之后,回归结果依然支持本书的核心结论。

表 4-10　排除金融危机影响的回归结果

变量	(1) TCS	(2) TCS	(3) TCSDur	(4) TCSDur
VC	0.544***	0.492***	−0.501***	−0.509***
	(3.080)	(2.770)	(−5.370)	(−5.410)
Constant	22.243**	20.751**	0.750	−0.207
	(2.380)	(2.140)	(0.210)	(−0.060)
Control	Yes	Yes	Yes	Yes
Year FE	Yes	Yes	Yes	Yes
Firm FE	Yes	Yes	Yes	Yes
N	24 338	22 931	22 156	21 076
Adj. R^2	0.053	0.052	0.075	0.078

注:***、**、* 分别对应 1%、5%、10%显著性水平。

4.4.3.2　更换被解释变量的衡量方式

上述研究以应收账款和应收票据的总和衡量企业提供商业信用的规模,并以年末总资产对其进行标准化。在稳健性检验中,首先,参考 Ge 等(2007)的研究,以应收账款衡量企业提供商业信用的规模,并以总资产对其进行标准化,该定义下的商业信用供给规模以符号 TCS1 表示;其次,以应收账款和应收票据的总和衡量企业提供商业信用的规模,并以营业总收入对其进行标准化,该定义下的商业信用供给规模以符号 TCS2 表示。

上述研究中以账龄超过 1 年的应收账款除以年末总资产衡量企业的商业信用供给期限。在稳健性检验中,首先,参考陈胜蓝等(2018)的研究,以账龄超过 1 年的应收账款除以营业总收入衡量企业的商业信用供给期限,该定义下的商业信用供给期限以符号 TCSDur1 表示;其次,参考 Wu 等

(2014)的研究,以账龄超过 1 年的应收账款除以应收账款总额衡量企业的商业信用供给期限,该定义下的商业信用供给期限以符号 TCSDur2 表示。

表 4-11 描述了更换被解释变量后的回归结果。第(1)列和第(2)列中,被解释变量分别为 TCS1 和 TCS2,VC 的系数始终显著为正,表明风险投资会增加被投企业的商业信用供给规模,假说 H1 得到验证,与上述研究结果保持一致。第(3)列和第(4)列中,被解释变量分别为 TCSDur1 和 TCSDur2,VC 的系数始终显著为负,表明风险投资会缩短被投企业的商业信用供给期限,假说 H2 得到验证,与上述研究结果保持一致。

综合表 4-11 的结果可知,在排除商业信用供给规模和商业信用供给期限的不同衡量方式可能带来的影响之后,回归结果依然支持本书的核心结论。

表 4-11 更换被解释变量的回归结果

变量	(1) TCS1	(2) TCS2	(3) TCSDur1	(4) TCSDur2
VC	0.427***	0.831**	−0.881***	−1.234***
	(2.900)	(2.200)	(−3.210)	(−2.640)
Constant	25.048***	39.891***	−10.745	−43.485**
	(3.530)	(3.990)	(−1.130)	(−2.360)
Control	Yes	Yes	Yes	Yes
Year FE	Yes	Yes	Yes	Yes
Firm FE	Yes	Yes	Yes	Yes
N	28 256	25 676	24 730	24 712
Adj. R^2	0.059	0.113	0.084	0.075

注:***、**、* 分别对应 1%、5%、10% 显著性水平。

4.5 机制检验

上述研究结果验证了假说 H1 和假说 H2,风险投资会增加被投企业的商业信用供给规模,缩短被投企业的商业信用供给期限。在假说 H1 的理论分析中,风险投资基于竞争动机与再分配能力来增加企业的商业信用供给规模;风险投资为提高企业经营业绩而采取的管理层股权激励,使得管理层有动机提供更多商业信用;风险投资给被投企业带来的资金支持,导致企业有能力提供更多商业信用。在假说 H2 的理论分析中,风险投资通过缩短企业客户集中度来缩短企业的商业信用供给期限。下面对此传导机制进行检验。

4.5.1 促进管理层股权激励实施

本部分主要利用中介效应模型,检验风险投资能否通过促进企业实施管理层股权激励来增加被投企业的商业信用供给规模。参考温忠麟等(2004)的研究,利用中介效应模型来检验"风险投资—管理层股权激励—商业信用供给规模"的垂直传导机制。其检验过程共有三个步骤:第一,检验风险投资能否增加被投企业的商业信用供给规模,此结果已在上述研究中进行检验;第二,检验风险投资能否促进被投企业股权激励的实施;第三,检验风险投资和管理层股权激励同时对被投企业商业信用供给规模的影响。具体而言,在模型(4-1)的基础上,进一步构建如下计量模型:

$$\text{Equ}_{i,t} = \beta_0 + \beta_1 \text{VC}_{i,t} + X_{i,t} + \lambda_i + \tau_t + \varepsilon_{i,t} \quad (4\text{-}3)$$

$$\text{TCS}_{i,t+1} = \gamma_0 + \gamma_1 \text{VC}_{i,t} + \gamma_2 \text{Equ}_{i,t} + X_{i,t} + \lambda_i + \tau_t + \varepsilon_{i,t} \quad (4\text{-}4)$$

其中,$\text{Equ}_{i,t}$ 表示企业 i 第 t 年的管理层股权激励,参考邵剑兵等(2018)、程新生等(2020)、赵世芳等(2020)的研究,管理层股权激励(Equ)以管理层持股比例表示。

如果在模型(4-1)中 α_1 显著为正和模型(4-3)中 β_1 显著为正的基础上,模型(4-4)中 γ_2 显著为正,则表明管理层股权激励是风险投资增加被投企业商业信用供给规模的中介变量,即风险投资通过促进企业实施管理层股权激励来增加被投企业商业信用供给规模;如果在模型(4-1)中 α_1 显著为正的基础上,模型(4-3)中 β_1 和模型(4-4)中 γ_2 至少有一个不显著,则需要利用 Sobel 检验对结果进行检验。如果通过 Sobel 检验,则表明管理层股权激励是风险投资增加商业信用供给规模的中介变量,否则不是中介变量;如果在模型(4-1)中 α_1 不显著,则表明风险投资无法影响被投企业的商业信用供给规模,从而管理层股权激励亦不是风险投资影响被投企业商业信用供给规模的中介变量。

表 4-12 中的第(1)列和第(2)列分别描述了模型(4-3)和模型(4-4)的回归结果。在第(1)列中,被解释变量为 Equ,解释变量 VC 的系数显著为正,

表明风险投资可以促进管理层股权激励的实施。在第(2)列中,被解释变量为 TCS,解释变量 VC 的系数显著为正,表明风险投资可以增加企业的商业信用供给规模;中介变量 Equ 的系数显著为正,表明管理层股权激励可以增加企业的商业信用供给规模。综合上述回归结果,"风险投资—管理层股权激励—商业信用供给规模"的垂直传导机制得到验证,即风险投资可以通过促进企业管理层股权激励的实施来增加被投企业的商业信用供给规模。

表 4-12　风险投资增加商业信用供给规模、降低商业信用供给期限的机制检验

变量	(1) Equ	(2) TCS	(3) Fin	(4) TCS	(5) Cus	(6) TCSDur
VC	0.759***	0.499***	5.670***	0.475***	−1.378***	−0.456***
	(3.540)	(2.790)	(4.250)	(2.680)	(−3.630)	(−4.740)
Equ		0.021*				
		(1.830)				
Fin				0.006***		
				(4.340)		
Cus						0.012***
						(3.130)
Control	Yes	Yes	Yes	Yes	Yes	Yes
Year FE	Yes	Yes	Yes	Yes	Yes	Yes
Firm FE	Yes	Yes	Yes	Yes	Yes	Yes
N	28 200	24 764	29 817	25 678	26 712	20 706
Adj. R^2	0.091	0.056	0.157	0.057	0.038	0.078

注:***、**、*分别对应 1%、5%、10%显著性水平。

4.5.2　提供资金支持

本部分主要利用中介效应模型,检验风险投资能否通过提供资金支持来增加被投企业的商业信用供给规模。

参考温忠麟等(2004)的研究,利用中介效应模型来检验"风险投资—资金支持—商业信用供给规模"的垂直传导机制。其检验过程共有三个步骤:第一,检验风险投资能否增加被投企业的商业信用供给规模,此结果已在上述研究中进行检验;第二,检验风险投资能否促进企业获得更多的资金支

持;第三,检验风险投资和资金支持同时对被投企业商业信用供给规模的影响。具体而言,在模型(4-1)的基础上,进一步构建如下计量模型:

$$\text{Fin}_{i,t} = \beta_0 + \beta_1 \text{VC}_{i,t} + X_{i,t} + \lambda_i + \tau_t + \varepsilon_{i,t} \tag{4-5}$$

$$\text{TCS}_{i,t+1} = \gamma_0 + \gamma_1 \text{VC}_{i,t} + \gamma_2 \text{Fin}_{i,t} + X_{i,t} + \lambda_i + \tau_t + \varepsilon_{i,t} \tag{4-6}$$

其中,$\text{Fin}_{i,t}$表示企业 i 第 t 年的资金支持,上述研究分析表明,风险投资进入被投企业后,不仅能直接带来资金,还能通过信号传递机制以及关系网络帮助企业获得更多的其他外部融资,因此资金支持(Fin)参考李涛等(2008)、徐思等(2019)的研究,以企业吸收权益性投资所收到的现金、发行债券所收到的现金以及取得借款所收到的现金之和表示外部融资总额,并以营业总收入对其进行标准化。中介效应的判别方法参考本节第一部分内容。

表4-12中的第(3)列和第(4)列分别描述了模型(4-5)和模型(4-6)的回归结果。在第(3)列中,被解释变量为Fin,解释变量VC的系数显著为正,表明风险投资可以促进被投企业获得更多资金支持。在第(4)列中,被解释变量为TCS,解释变量VC的系数显著为正,表明风险投资可以增加被投企业的商业信用供给规模;中介变量Fin的系数显著为正,表明企业获得资金支持可以增加被投企业的商业信用供给规模。综合上述回归结果,"风险投资—资金支持—商业信用供给规模"的垂直传导机制得到验证,即风险投资可以通过提供资金支持来增加被投企业的商业信用供给规模。

4.5.3 降低客户集中度

本部分主要利用中介效应模型,检验风险投资能否通过降低客户集中度来缩短被投企业的商业信用供给期限。

参考温忠麟等(2004)的研究,利用中介效应模型来检验"风险投资—客户集中度—商业信用供给期限"的垂直传导机制。其检验过程共有三个步骤:第一,检验风险投资能否缩短被投企业的商业信用供给期限,此结果已在上述研究中进行检验;第二,检验风险投资能否缩短被投企业的客户集中度;第三,检验风险投资和客户集中度同时对被投企业商业信用供给期限的影响。具体而言,在模型(4-2)的基础上,进一步构建如下计量模型:

$$\text{Cus}_{i,t} = \beta_0 + \beta_1 \text{VC}_{i,t} + X_{i,t} + \lambda_i + \tau_t + \varepsilon_{i,t} \tag{4-7}$$

$$\text{TCSDur}_{i,t+1} = \gamma_0 + \gamma_1 \text{VC}_{i,t} + \gamma_2 \text{Cus}_{i,t} + X_{i,t} + \lambda_i + \tau_t + \varepsilon_{i,t} \tag{4-8}$$

其中,$\text{Cus}_{i,t}$表示企业 i 第 t 年的客户集中度,参考陈正林(2017)、陈胜蓝等

(2020)、李姝等(2021)的研究,客户集中度(Cus)以企业前五大客户销售额占年度销售总销售额的比例表示。中介效应的判别方法参考本节第一部分相关内容。

表 4-12 中的第(5)列和第(6)列分别描述了模型(4-7)和模型(4-8)的回归结果。在第(5)列中,被解释变量为 Cus,解释变量 VC 的系数显著为负,表明风险投资可以降低企业的客户集中度。在第(6)列中,被解释变量为 TCSDur,解释变量 VC 的系数显著为负,表明风险投资可以缩短被投企业的商业信用供给期限;解释变量 Cus 的系数显著为正,表明客户集中度可以提高企业的商业信用供给期限。综合上述回归结果,"风险投资—客户集中度—商业信用供给期限"的垂直传导机制得到验证,即风险投资可以通过降低客户集中度来缩短被投企业的商业信用供给期限。

4.6 异质性分析

本章主要研究风险投资对被投企业商业信用供给规模及其期限的影响,因而主要从风险投资的视角以及企业的视角进行异质性分析。本章通过探究风险投资的异质性特征对企业商业信用供给规模及其期限的影响、风险投资在不同异质性特征的企业中对商业信用供给规模及其期限的影响,以有助于我们更加全面而深刻地理解风险投资如何改善企业—客户之间的商业信用。

4.6.1 基于风险投资视角的异质性分析

风险投资具有不同的特征,其行为模式可能存在差异,进而对被投企业的商业信用供给决策产生不同影响。既然上述分析已经证实风险投资会增加被投企业的商业信用供给规模,缩短被投企业的商业信用供给期限,那么风险投资的异质性特征是否会对被投企业的商业信用供给规模及其期限产生不同的影响?本部分将尝试回答上述问题。参考既有研究,本部分主要考察联合持股、股权性质和声誉等三种风险投资异质性特征对被投企业商业信用供给规模及其期限的影响。

4.6.1.1 风险投资联合持股

风险投资是否联合持股,可能对企业的商业信用供给规模产生不同的影响。首先,相较于单一风险投资持股,多家风险投资机构进行联合持股时,不同的风险投资机构的目标收益不同,因而对企业的经营业绩可能有着更高的要求。为了同时满足多家风险投资机构的经营业绩要求,风险投资可能对管理层实施更高的股权激励,以激励管理层努力实现更高的经营业绩。根据竞争假说,相较于单一风险投资持股企业,联合风险投资持股企业的管理层为了获得更高的股权激励收益,有动机通过提供更多的商业信用,以进一步提升企业经营业绩。其次,Tian(2012)发现,不同的风险投资机构掌握的内部信息、行业知识、专业技能和社会网络不同,当多家风险投资机构进行联合投资时,可以有效发挥不同风险投资机构的特长,为企业提供更多资金支持。吴超鹏等(2012)发现,风险投资联合持股具有更广泛的关系网络,可以有效缓解企业与其外部投资者之间的信息不对称程度,为企业带来更多的外部融资。相比之下,风险投资单一持股的企业无法获得风险投资联合持股的企业所享有的许多异质性资源(陈思 等,2017)。根据再分配假说,相较于单一风险投资持股的企业,联合风险投资持股的企业拥有更多的外部融资,有能力提供更多商业信用。综合上述分析,本书预测相较于单一持股的风险投资,联合持股的风险投资更能增加被投企业的商业信用供给规模。

风险投资是否联合持股,也可能对企业的商业信用供给期限产生不同的影响。当多家风险投资机构进行联合投资时,被投企业可以同时享有多家风险投资机构的社会网络资源,更多的社会网络资源意味着风险投资可以帮助企业寻找更多的潜在客户,这有助于企业进一步拓展销售渠道(Proksch et al.,2017)。因此,相较于单一风险投资持股的企业,联合风险投资持股的企业更容易拓展销售渠道,拥有的客户更多,客户的集中程度更低,因而通过提供更长期限的商业信用以维护与客户合作关系的动机进一步下降,从而提供的商业信用期限更短。综合上述分析,本书预测,相较于单一持股的风险投资,联合持股的风险投资更能缩短被投企业的商业信用供给期限。

为了检验上述预期,本书构建如下计量模型:

第4章 风险投资与商业信用——基于供给方的视角

$$TCS_{i,t+1} = \alpha_0 + \alpha_1 VCSynd_{i,t} + X_{i,t} + \lambda_i + \tau_t + \varepsilon_{i,t} \qquad (4-9)$$

$$TCSDur_{i,t+1} = \alpha_0 + \alpha_1 VCSynd_{i,t} + X_{i,t} + \lambda_i + \tau_t + \varepsilon_{i,t} \qquad (4-10)$$

其中，VCSynd 表示风险投资联合持股，参考吴超鹏等(2012)、陈思等(2017)的研究，风险投资联合持股(VCSynd)以虚拟变量定义，如果上市公司的前十大股东中有两家及以上的风险投资，则 VCSynd 取值为1，否则取值为0。

表 4-13 中的第(1)列描述了模型(4-9)的回归结果，VCSynd 的系数显著为正，表明相较于单一持股的风险投资，联合持股的风险投资更能增加被投企业的商业信用供给规模，这验证了本书的预测。第(2)列描述了模型(4-10)的回归结果，VCSynd 的系数显著为负，表明相较于单一持股的风险投资，联合持股的风险投资更能缩短被投企业的商业信用供给期限，这验证了本书的预测。

表 4-13　基于风险投资视角的异质性分析

变量	(1) TCS	(2) TCSDur	(3) TCS	(4) TCSDur	(5) TCS	(6) TCSDur
VCSynd	0.593**	−0.296**				
	(2.060)	(−2.010)				
VCPrivate			1.087***	−0.382*		
			(2.730)	(−1.940)		
VCReputation					1.077**	−0.678*
					(1.990)	(−1.920)
Control	Yes	Yes	Yes	Yes	Yes	Yes
Year FE	Yes	Yes	Yes	Yes	Yes	Yes
Firm FE	Yes	Yes	Yes	Yes	Yes	Yes
N	6 051	6 237	6 051	6 237	6 051	6 237
Adj. R^2	0.061	0.104	0.063	0.104	0.060	0.104

注：***、**、* 分别对应1%、5%、10%显著性水平。

4.6.1.2　风险投资股权性质

不同股权性质的风险投资，可能对企业的商业信用供给规模产生不同的影响。首先，余琰等(2014)认为，国有背景的风险投资肩负着一定的政策使命，国有背景的风险投资设立的初衷是解决技术创新的市场失灵问题，不以营利为主要目的。私有背景的风险投资以获得巨额回报和积累行业声誉为主要目的,所以相较于国有背景的风险投资,私有背景的风险投资对企业的经营业绩有着更高的要求,因而可能对被投企业实施更多的股权激励,而且对被投企业管理层实施的股权激励水平可能更高。根据竞争假说,相较于国有背景风险投资持股的企业,私有背景风险投资持股企业的管理层为了获得更高的股权激励收益,有动机通过提供更多的商业信用,以提升企业的经营业绩。其次,国有背景的风险投资的资金主要来自国有企业和政府机构,尽管国有背景的风险投资的资金较私有背景的风险投资可能更加充裕,但是国有资产增值保值的压力使得国有背景的风险投资可能出现风险规避的行为,因此不愿意为商业信用供给等与技术创新无关的高风险行为提供资金支持,而私有背景的风险投资为了企业的经营业绩更愿意承担风险,因而愿意提供更多的资金。根据再分配假说,相较于国有背景风险投资持股的企业,私有背景风险投资持股的企业拥有更多的资金用于商业信用供给,因而有能力提供更多商业信用。综合上述分析,本书预测,相较于国有背景的风险投资,私有背景的风险投资更能增加被投企业的商业信用供给规模。

不同股权性质的风险投资,也可能对企业的商业信用供给期限产生不同的影响。钱苹等(2007)、马宁(2019)认为,国有背景的风险投资的运营尚未完全市场化,投资经验不如私有背景的风险投资丰富,积累的社会网络资源也不如私有背景的风险投资丰富,从而对企业销售渠道的拓展作用有限。而且,与私有背景的风险投资以获得巨额回报为目标不同,国有背景的风险投资设立的一个重要目的是解决企业开展技术创新活动带来的融资困境(余琰 等,2014;薛菁 等,2017;强皓凡 等,2021),所以,私有背景的风险投资更愿意利用自己的社会网络资源为被投企业拓展销售渠道,以提高被投企业的经营业绩,从而获得更高的投资收益。因此,相较于国有背景的风险投资,私有背景的风险投资更有助于帮助被投企业拓展销售渠道,拥有更多的客户,客户的集中程度更低,因而通过提供更长期限的商业信用以维护与客户的合作关系的动机进一步下降,从而提供的商业信用期限更短。综合上述分析,本书预测,相较于国有背景的风险投资,私有背景的风险投资更能缩短被投企业的商业信用供给期限。

为了检验上述预期,本书构建如下计量模型:

$$TCS_{i,t+1} = \alpha_0 + \alpha_1 VCPrivate_{i,t} + X_{i,t} + \lambda_i + \tau_t + \varepsilon_{i,t} \quad (4-11)$$

$$TCSDur_{i,t+1} = \alpha_0 + \alpha_1 VCPrivate_{i,t} + X_{i,t} + \lambda_i + \tau_t + \varepsilon_{i,t} \quad (4-12)$$

其中，VCPrivate 表示风险投资股权性质，参考陈思等（2017）、李善民等（2019）的研究，风险投资股权性质（VCPrivate）以虚拟变量定义，如果上市公司的前十大股东中风险投资为私有企业，则 VCPrivate 取值为1，否则取值为0。

表 4-13 中的第(3)列描述了模型(4-11)的回归结果，VCPrivate 的系数显著为正，表明相较于国有背景的风险投资，私有背景的风险投资更能增加被投企业的商业信用供给规模，这验证了本书的预测。第(4)列描述了模型(4-12)的回归结果，VCPrivate 的系数显著为负，表明相较于国有背景的风险投资，私有背景的风险投资更能缩短被投企业的商业信用供给期限，这验证了本书的预测。

4.6.1.3 风险投资声誉

不同声誉的风险投资，可能对企业的商业信用供给规模产生不同的影响。首先，良好声誉是风险投资重要的无形资产，既可以帮助缓解其与企业之间的信息不对称，又可以帮助其吸引高质量的企业，提高竞争力（叶小杰等，2013）。因此，风险投资非常注重自身声誉，甚至还会出现"逐名动机"（蔡宁，2015）。被投企业良好的业绩是风险投资积攒声誉的有效方法，高声誉的风险投资为了维护自身声誉，对企业的经营业绩有着更高的要求，因而可能对被投企业实施更多的股权激励，而且对被投企业管理层实施的股权激励水平可能更高。根据竞争假说，相较于低声誉风险投资持股企业，高声誉风险投资持股企业的管理层为了获得更高的股权激励收益，有动机通过提供更多的商业信用，以提升企业的经营业绩。其次，相较于低声誉的风险投资，高声誉的风险投资往往拥有更加广泛的关系网络，可以提供更好的增值服务和更多的资金支持。吴超鹏等（2012）也发现，高声誉的风险投资可以为企业带来更多的外部融资。并且，Tian 等（2016）指出，当风险投资的声誉受损时，其后续的融资能力会显著降低，对企业的投资金额也会显著降低。由此可见，被投企业可以从高声誉的风险投资中获得更多的外部融资。根据再分配假说，相较于低声誉风险投资持股的企业，高声誉风险投资持股的企业拥有更多的资金用于商业信用供给，因而有能力提供更多的商业信用。综合上述分析，本书预测，相较于低声誉的风险投资，高声誉的风险投资更能增加被投企业的商业信用供给规模。

不同声誉的风险投资，也可能对企业的商业信用供给期限产生不同的影响。高声誉风险投资持股的企业，可以获得更加丰富的社会网络资源，这有助于帮助企业寻找更多的潜在客户，拓宽企业的销售渠道。不仅如此，Proksch等(2017)进一发现，良好的声誉具有背书作用，高声誉的风险投资的企业更容易获得客户的信赖，使得企业更容易与潜在客户建立联系，并促使企业与客户达成合作协议。因此，相较于低声誉的风险投资，高声誉的风险投资更有助于被投企业拓展销售渠道，拥有更多的客户，客户的集中程度更低，因而通过提供更长期限的商业信用以维护与客户的合作关系的动机进一步下降，从而提供的商业信用期限更短。综合上述分析，本书预测，相较于低声誉的风险投资，高声誉的风险投资更能缩短被投企业的商业信用供给期限。

为了检验上述预期，本书构建如下计量模型：

$$\text{TCS}_{i,t+1} = \alpha_0 + \alpha_1 \text{VCReputation}_{i,t} + X_{i,t} + \lambda_i + \tau_t + \varepsilon_{i,t} \quad (4\text{-}13)$$

$$\text{TCSDur}_{i,t+1} = \alpha_0 + \alpha_1 \text{VCReputation}_{i,t} + X_{i,t} + \lambda_i + \tau_t + \varepsilon_{i,t} \quad (4\text{-}14)$$

其中，VCReputation表示风险投资声誉，参考陈见丽(2012)的研究，风险投资声誉(VCReputation)以虚拟变量定义，如果风险投资在清科集团发布的对应年份的《中国创业投资暨私募股权投资年度排名》前五十名榜单上，则认为该风险投资为高声誉风险投资，VCReputation取值为1，否则取值为0。

表4-13中的第(5)列描述了模型(4-13)的回归结果，VCReputation的系数显著为正，表明相较于低声誉的风险投资，高声誉的风险投资更能增加被投企业的商业信用供给规模，这验证了本书的预测。第(6)列描述了模型(4-14)的回归结果，VCReputation的系数显著为负，表明相较于低声誉的风险投资，高声誉的风险投资更能缩短被投企业的商业信用供给期限，这验证了本书的预测。

4.6.2 基于企业视角的异质性分析

企业的异质性特征可能会影响其商业信用供给决策，为了进一步考查风险投资在不同异质性特征的企业中如何影响企业的商业信用供给规模和商业信用供给期限，下面从行业竞争程度方面进行企业异质性分析。

第4章 风险投资与商业信用——基于供给方的视角

企业所处行业竞争程度越高,企业在行业内的竞争就越激烈,面临的市场竞争压力也就越大。余明桂等(2010a)指出,市场竞争压力大的企业比市场竞争压力小的企业提供更多的商业信用以提高企业的经营业绩。因此,相较于行业竞争程度高的企业,行业竞争程度低的企业有动机提供更多的商业信用。由于行业竞争程度高的企业已经提供了较多的商业信用,这会弱化风险投资对于企业提供商业信用动机的促进作用,因而风险投资进入这类企业后对商业信用供给的影响反而相对较小。相反,行业竞争程度低的企业提供商业信用的水平还有一定上升空间,风险投资进入行业竞争程度低的企业,实施管理层股权激励后,管理层为了提高企业经营业绩,获得股权激励收益,有可能进一步增加企业的商业信用供给,因而风险投资进入这类企业后对商业信用供给的影响相对较大。因此,本书预测,相较于行业竞争程度高的企业,风险投资在行业竞争程度低的企业更能增加被投企业的商业信用供给规模。

在竞争程度较高的行业中,同质企业大量存在,企业之间的替代性相对较高,企业在与客户的关系中处于相对弱势地位,企业的议价能力也会相对较弱。面对行业内激烈的竞争,企业为了锁定客户,防止客户选择其他替代性供应商,有动机提供更长期限的商业信用。而在竞争程度较低的行业中,企业的议价能力会相对提升,通过提供更长期限的商业信用以锁定客户的动机相对较低。由此可见,行业竞争程度越高,企业可能提供更长期限的商业信用,客户的增多更有助于抑制企业提供长期商业信用的动机。所以,风险投资进入行业竞争程度高的企业,更容易发挥社会网络资源的作用。风险投资进入这类企业后,可以利用自己丰富的社会网络资源,帮助企业与更多客户达成合作协议,帮助企业提升与客户的相对议价能力,缓解激烈竞争下强势的客户通过延长账期等方式对企业流动性资金的侵占,从而缩短企业提供商业信用期限的周期。基于上述分析,本书预测,相较于行业竞争程度低的企业,风险投资在行业竞争程度高的企业更能缩短被投企业的商业信用供给期限。

参考陈丽蓉等(2021)的研究,行业竞争程度以赫芬达尔指数(HHI)表示,$HHI=\Sigma(X_i/X)^2$,其中 $X=\Sigma X_i$,X_i 为行业内企业 i 的营业总收入。HHI值越小,则行业竞争程度越高。依据 HHI 的中位数,可以将样本划分为低行业竞争程度和高行业竞争程度两个子样本。

表 4-14 中的第(1)列至第(3)列中,被解释变量为 TCS,根据回归结果可以发现,在行业竞争程度高的企业中,风险投资对商业信用供给规模的影响并不显著,而在行业竞争程度低的企业中,风险投资可以显著提高被投企业的商业信用供给规模。交互项的结果同样证明了这一结论。第(4)列至第(6)列中,被解释变量为 TCSDur,分组回归和交互项回归的结果表明,相较于行业竞争程度低的企业,风险投资在行业竞争程度高的企业更能缩短被投企业的商业信用供给期限。

表 4-14 基于企业视角的异质性分析

变量	(1) HHI 低 TCS	(2) HHI 高 TCS	(3) 总样本 TCS	(4) HHI 低 TCSDur	(5) HHI 高 TCSDur	(6) 总样本 TCSDur
VC	0.882***	0.035	0.829***	−0.340***	−0.678***	−0.373***
	(3.630)	(0.140)	(3.590)	(−2.780)	(−5.090)	(−3.210)
VCHHI			−0.652**			−0.270*
			(−2.310)			(−1.750)
HHI			0.025			−0.230**
			(0.120)			(−2.070)
Control	Yes	Yes	Yes	Yes	Yes	Yes
Year FE	Yes	Yes	Yes	Yes	Yes	Yes
Firm FE	Yes	Yes	Yes	Yes	Yes	Yes
N	12 852	12 826	25 678	11 842	11 046	22 888
Adj. R^2	0.059	0.052	0.055	0.084	0.065	0.075

注:***、**、* 分别对应 1%、5%、10%显著性水平。

4.7 本章小结

本章主要研究风险投资对被投企业商业信用供给规模及其期限的影响,在理论分析的基础上,选取 2005—2019 年沪深 A 股上市公司数据,实证检验了风险投资对于商业信用供给规模及其期限的影响以及机制,并从风险投资和企业两个视角进行异质性分析,具体研究结论有以下三点。

(1) 风险投资可以显著增加被投企业的商业信用供给规模,缩短被投企业的商业信用供给期限,即风险投资可以改善企业—客户之间的商业信用。通过倾向得分匹配、工具变量、GMM 动态面板回归、排除金融危机样本、更换被解释变量等一系列检验,证明了该结论具有稳健性。

(2) 机制检验的结果表明,促进管理层股权激励的实施和提供资金支持是风险投资增加企业商业信用供给规模的重要作用渠道。降低客户集中度是风险投资缩短企业商业信用供给期限的重要作用渠道。

(3) 异质性分析的结果表明,当风险投资具有联合持股、私有性质以及高声誉等特征时,对企业商业信用供给规模的增加作用更为显著,对商业信用供给期限的缩短作用更为显著;当企业处于竞争程度低的行业时,风险投资对企业商业信用供给规模的增加作用更为显著,相反,当企业处于竞争程度高的行业时,风险投资对企业商业信用供给期限的缩短作用更为显著。

第 5 章

风险投资与商业信用——基于需求方的视角

第5章 风险投资与商业信用——基于需求方的视角

5.1 引言

第4章从供给方的视角分析了风险投资对于商业信用的影响,研究结果发现风险投资可以增加被投企业的商业信用供给规模,缩短被投企业的商业信用供给期限,从而改善企业—客户之间的商业信用。本章主要从需求方的视角分析风险投资对商业信用的规模及其期限的影响,即研究风险投资对商业信用融资规模及商业信用融资期限的影响。如果风险投资能够促使供应商向被投企业提供更多的商业信用,增加被投企业的商业信用融资规模,同时又能促使被投企业及时偿还账款,缩短商业信用融资期限,那么风险投资可以改善供应商—企业之间的商业信用。

对于商业信用的需求方而言,商业信用作为非正规金融体系的重要代表,可以有效缓解企业的融资约束,促进企业的研发与创新(Chen et al.,2019;姚星 等,2019;武力超 等,2020),提升企业价值(陆正飞 等,2011;Miloevi et al.,2020;Abuhommous et al.,2021),对企业的发展极为重要。在研究风险投资对商业信用融资规模及其期限的影响之前,应先对商业信用融资规模及其期限的影响因素进行分析。

在商业信用融资规模方面,企业对商业信用融资的需求程度与获取能力决定了企业的商业信用融资决策,既有文献对这两个方面进行了研究,并提出了若干理论假说。从需求程度的角度,学者们提出的替代性融资假说认为,难以从银行等正规金融机构获得充足信贷的企业,会将商业信用等非正规金融作为重要的替代性融资渠道,从而对商业信用融资的需求更高(Stiglitz et al.,1981;Nilsen,2002;Fisman et al.,2003;陆正飞 等,2011;孙浦阳 等,2014)。从获取能力的角度,学者们提出的买方市场假说认为,企业与供应商之间的相对地位会影响其商业信用的获取,当企业供应商的集中程度较低时,企业作为买方处于强势地位,从而更有能力从供应商处获得商业信用融资(Fabbri et al.,2010;陆正飞 等,2011;修宗峰 等,2021)。在商业信用融资期限方面,商业信用的提供离不开供应商对企业偿还能力和偿还意愿的高度信任,企业诚信水平是供应商用于判断商业信用融资企业的信用水平、并作出授信决策的重要依据(张勇,2021)。

风险投资对企业的商业信用融资规模以及商业信用融资期限会有怎样

的影响？现有文献尚未解答。结合上述分析，本书认为，在商业信用融资规模方面，从需求程度的角度来看，风险投资具有追求高风险高收益的特征，在对企业监督治理的过程中，会促使企业采取进攻型战略，这会增加被投企业对于商业信用融资的需求。从获取能力的角度来看，风险投资丰富的社会网络资源可以有效拓宽企业的供应商渠道，降低企业的供应商集中度，提高被投企业获取商业信用融资的能力。此外，在商业信用融资期限方面，风险投资可以提供监督治理等增值服务，改善企业治理，提高企业的诚信水平，促使被投企业及时支付应付款项，避免应付款项逾期、长期拖欠等失信行为，从而缩短商业信用融资期限。

基于上述分析，本章系统研究风险投资对被投企业商业信用融资规模以及商业信用融资期限的影响及其机制，并进一步比较研究风险投资异质性特征和企业异质性特征如何影响风险投资在企业商业信用融资规模及其期限中的作用。

5.2 理论分析与研究假说

商业信用融资作为非正规金融体系的重要代表，可以有效弥补银行等正规金融的不足，是企业的重要融资来源，对企业的发展极为重要，因而引起了实务界和理论界的广泛关注。企业获得的商业信用融资依赖于企业的需求程度与获取能力，而企业诚信水平不仅是供应商用于判断商业信用融资企业的信用水平、作出授信决策的重要依据，更是企业能否及时支付账款的重要保障（张勇，2021）。风险投资作为企业的重要参与者，不仅会影响企业对商业信用融资的需求程度与获取能力，还会影响企业的诚信水平。那么，风险投资如何影响被投企业的商业信用融资规模和商业信用融资期限？现有文献尚未解答。下面对此进行理论分析。

5.2.1 风险投资对被投企业商业信用融资规模的影响

根据传统的商业信用理论，从需求方的视角看，商业信用是非正规金融体系的代表，当企业无法从银行等正规金融机构获得信贷时，便会增加对于商业信用融资的需求，Stiglitz等（1981）、Nilsen（2002）以及Fisman等（2003）由此提出替代性融资假说，从需求程度的角度解释了商业信用融资。

第5章 风险投资与商业信用——基于需求方的视角

但是实务中,一些财务状况良好的大型公司却比那些财务状况不好的小型公司使用了更多的商业信用融资。为了解释上述现象,Fabbri 等(2010)提出了买方市场假说,认为议价能力强的企业才有能力从供应商处获得更多的商业信用,这从获取能力的视角解释了商业信用融资。结合本书的研究以及风险投资的特点,本书主要利用替代性融资假说和买方市场假说,分析了风险投资如何影响企业对商业信用融资的需求程度以及获取能力进而改变企业的商业信用融资规模的。

本书认为,风险投资可能会增加企业的商业信用融资规模,因为风险投资具有专业的背景知识,帮助企业制定进攻型战略。根据替代性融资假说,这会增加企业对于商业信用融资的需求,从而增加企业的商业信用融资规模;而且风险投资具有丰富的网络资源与人际关系,有助于拓宽企业的供应商渠道,降低供应商集中度。根据买方市场假说,这会提高企业获取商业信用融资的能力,从而增加企业的商业信用融资规模。

本书将根据替代性融资假说分析风险投资如何影响企业对于商业信用融资的需求。商业信用融资的替代性融资假说认为,以银行为代表的正规金融体系虽然是企业债务融资的主要渠道,但是由于正规金融体系发展并不充分,难以满足企业庞大的融资需求,而以商业信用为代表的非正规金融体系在一定程度上可以作为正规金融体系的替代性融资渠道(Stiglitz et al.,1981;Nilsen,2002;Fisman et al.,2003;陆正飞 等,2011;孙浦阳 等,2014)。

企业所采取的战略决策不同,企业的经营目标、经营特点、盈利方式、营销定位等就会不同,与之对应的财务决策也会产生差异,从而导致企业对融资的需求程度有所不同(陈永凤 等,2018)。

采取防御型战略的企业对于提高生产效率、维护市场稳定格外重视,这类企业往往通过不断优化已有的经营模式来降低经营成本、提高生产效率来保持竞争优势,产出的不确定性较小,业绩较为稳定(Miles et al.,1978;方红星 等,2019)。采取进攻型战略的企业对于新市场的开拓以及新产品的开发格外重视,而开拓新市场需要企业进行密集的市场推广活动,同样,开发新产品需要企业进行密集的技术创新活动(Miles et al.,1978;方红星 等,2019)。无论是市场推广活动,还是技术创新活动,都需要大量的资金投入,因而相较于采取防御型战略的企业,采取进攻型战略的企业对融资有着更高的需求(Hambrick,1983;孙健 等,2016)。

采取进攻型战略的企业往往存在较高的信用风险和信息不对称,这使得企业难以从银行等正规金融机构获得足够的融资。首先,市场推广活动和技术创新活动的风险较高,回报周期较长,收益的不确定性较大。因此,采取进攻型战略的企业经营业绩的波动性较高,未来现金流的不确定性较大,从而放大了企业的经营风险和财务风险。这些特征使得采取进攻型战略的企业存在较高的信用风险,导致企业难以从银行等正规金融机构获得足够的融资进行市场推广活动和技术创新活动(Hambrick,1983;孙健 等,2016)。其次,市场推广活动和技术创新活动是企业重要的商业机密,出于对商业机密的保护,企业并不会将这些信息完全向市场公开,甚至会故意隐藏相关信息,这增加了企业与外部投资者之间关于市场推广活动和技术创新活动的信息不对称性(余明桂 等,2019);较高的信息不对称性会提高外部投资者甄别有用信息的难度与成本,降低了银行等正规金融机构对企业市场推广活动和技术创新活动的投资意愿。根据商业信用融资的替代性融资假说,以商业信用为代表的非正规金融体系在一定程度上可以作为正规金融体系的替代性融资渠道。陈永凤等(2018)、方红星等(2019)均发现,与采取防御型战略的企业相比,采取进攻型战略的企业更加难以从银行等正规金融机构获得信贷,对商业信用融资的需求更加迫切,获得的商业信用融资也更多。

由此可见,根据商业信用融资的替代性融资假说,当企业采取防御型战略时,对商业信用融资的需求较低,获得的商业信用融资也较少;当企业采取进攻型战略时,对商业信用融资的需求较高,获得的商业信用融资也较多。因此,企业采取进攻型战略会增加企业的商业信用融资规模。

与传统的外部投资者有所不同,风险投资还会参与企业的经营与治理,帮助企业制定发展战略。风险投资在长期的投资过程中,积累了丰富的管理经验和专业的背景知识,对市场的发展现状与未来的发展前景有着深刻的理解和预判,不仅可以为被投企业提供新产品开发的前沿信息,还可以为被投企业提供未来发展战略的咨询服务(Carpenter et al.,2003;Hochberg et al.,2007;董静 等,2017)。齐绍洲等(2017)发现,风险投资会依据自身的优势,通过参与董事会决策,帮助所投企业把握未来的发展方向,制定未来的发展战略。风险投资作为一种追求高风险高收益的投资方式,有着较高的风险承担水平(刘娥平 等,2022),热衷于帮助被投企业开发新产品、开拓新市场,并通过这些高风险的经营活动来获得高额的收益。这一典型特征与进攻型战略不谋而合,进攻型战略也符合风险投资的投资理念。因此,风险投资进入被投企业后,为了达到其追求高风险高收益的目的,可以通过参与董事会决策,帮助企业制定更加激进的进攻型战略,而这无疑会增加企业对于商业信用融资的需求。

上述根据替代性融资假说,分析了风险投资如何提高企业对于商业信用的需求,而企业的商业信用融资不仅依赖于需求,还依赖于企业获取商业信用融资的能力。因此,接下来将根据买方市场假说,分析风险投资如何提高企业获取商业信用融资的能力。

商业信用的买方市场假说认为,企业与供应商之间的相对地位会影响其商业信用的获取,当企业供应商的集中程度较低时,企业作为买方处于强势地位,拥有较高的议价能力,可以要求供应商提供商业信用以承担自身的货款周转成本,从而增加企业的商业信用融资规模(Fabbri et al. ,2010;陆正飞 等,2011;修宗峰 等,2021)。

当企业供应商的集中程度较低时,企业在生产过程中有众多供应商提供原材料,企业在每一个供应商中所购买的原材料只占全部原材料的极少部分,那么企业对这些供应商的依赖程度相对较低,更换供应商的转移成本也会相对较低,从而导致企业在与供应商的关系中处于相对强势地位,企业作为买方的议价能力也会相对较高(唐跃军,2009;修宗峰 等,2021)。由于供应商提供的商业信用本质上是帮助下游企业承担了货款的周转成本,对企业而言是一种价格折扣(Summers et al. ,2002),所以当企业作为买方具备一定的议价能力时,会将是否提供商业信用作为选择供应商的重要标准,如果供应商不提供商业信用,意味着企业失去了一定的价格折扣,那么企业可以选择其他可以提供商业信用的供应商。

当企业供应商的集中程度较高时,企业在生产过程中主要由一个或者少数几个供应商提供原材料。如果企业在每一个供应商中所购买的原材料占其全部原材料的比重较大,那么企业对这些供应商的依赖程度相对较高,更换供应商的转移成本也会相对较高,从而导致企业在与供应商的关系中处于相对弱势地位,企业作为买方的议价能力也会相对较低。企业难以将是否提供商业信用作为选择供应商的重要标准,因为企业更换供应商所付出的成本可能会高于供应商提供商业信用所带来的价格折扣（李任斯等，2016）。

由此可见，根据商业信用的买方市场假说，当企业的供应商集中度较低时，可以从供应商处获得更多的商业信用；当企业的供应商集中度较高时，则难以从供应商处获得商业信用。因此，降低企业的供应商集中度，可以提高企业从供应商处获得商业信用的能力，有效增加企业的商业信用融资规模。

风险投资长期的投资经验积累了丰富的网络资源与人际关系，这些复杂的社会网络可以有效传递信息，帮助被投企业吸引到更多的异质性资源。Gorman 等（1989）指出，风险投资与猎头、律师、投资银行等有着紧密的联系，当风险投资进入被投企业后，会利用自身的社会网络来帮助企业发展。Barry 等（1990）、Hochberg 等（2007）也发现，风险投资与其他风险投资、商业银行以及投资银行之间存的紧密联系会形成广泛的社会网络，这些社会网络对被投企业的发展具有重要的积极作用。风险投资进入企业后，可以利用自己丰富的网络资源与人际关系，帮助被投企业寻找更多的供应商（Proksch et al.，2017），降低企业的供应商集中程度，提高企业从供应商处获得商业信用的能力，从而增加企业的商业信用融资规模。

基于以上分析，提出假说 H1：风险投资会增加被投企业的商业信用融资规模。

5.2.2 风险投资对被投企业商业信用融资期限的影响

风险投资可能会缩短企业的商业信用融资期限，因为风险投资可以提供监督治理等增值服务，改善企业治理，提高企业的诚信水平，促使企业及时支付应付款项，避免应付款项逾期、长期拖欠等失信行为，从而缩短商业信用融资期限。

作为商业信用的债权人，供应商通过牺牲自己的流动性，以赊销的方式向企业提供商业信用，会使自身面临一定的经营风险和财务风险，因为这些资金能否及时收回直接关系到供应商现金流的高效、安全运转（江伟 等，2021）。实践中，商业信用的提供离不开供应商对企业偿还能力和偿还意愿的高度信任，企业诚信水平是供应商用于判断商业信用融资企业的信用水平、并作出授信决策的重要依据（张勇，2021）。诚信水平越高的企业，越有可能及时偿还应付款项,供应商更有可能及时收回提供给企业的商业信用。

首先,诚信作为一种习惯,具有较强的连贯性(Guiso et al.,2015)。不同的企业在日常经营活动中,遵循不同的指导原则,进而导致企业形成不同的经营习惯与经营方式(耿艳丽 等,2018)。企业的行为通常具有连续性,如果企业日常经营活动中,以诚信作为指导原则,那么其在应付款项的支付方面也极有可能遵循诚信的原则。所以,诚信的企业更有可能及时支付应付款项,避免逾期,更不会故意长期拖欠应付款项。

其次,诚信有助于企业树立良好的声誉(Wang et al.,2021)。诚信是企业重要的无形资产,诚信水平较高的企业,往往有着良好的纳税信用(张勇,2021)、有效的内部控制(徐亚琴 等,2018)以及较少的营私舞弊(耿艳丽等,2021),从而可以帮助企业树立良好的声誉。良好的声誉可以较为容易地与企业外部的利益相关者建立良好的合作关系,有助于企业更容易获得政府的支持、投资者的投资、员工的信任以及供应商的支持等,从而促进企业的长远发展(耿艳丽 等,2021)。如果企业不能及时支付应付款项,导致应付款项逾期,甚至故意长期拖欠应付款项,将会对自身的声誉产生较大的负面影响(刘凤委 等,2009)。出于对诚信声誉的维护,企业更有可能及时支付应付款项,避免逾期,更不会故意长期拖欠应付款项。

由此可见,当企业的诚信水平越高时,企业会以更及时的方式支付应付款项,应付款项逾期的情况越少,因而商业信用融资期限也就越短。当企业的诚信水平越低时,企业容易长期拖欠应付款项,因而商业信用融资期限也就越长。Wu 等(2014)发现,处于社会信任程度较高地区的企业,有着较高的诚信水平,逾期应付款项的情况较少,商业信用融资期限也就越短。因此,提高企业诚信水平,可以有效缩短企业的商业信用融资期限。

企业的诚信水平是风险投资在筛选投资企业过程中重要的标准之一,企业良好的诚信水平,可以有效提高风险投资的声誉。相反,当风险投资所支持的企业因失信而涉嫌违规时,会使风险投资的声誉受损,这不仅会导致风险投资失去优质合作伙伴,难以获得后续融资,还会导致风险投资的业绩出现下滑,严重影响风险投资的投资收益(Atanasov et al.,2012;Tian et al.,2016;何顶 等,2019)。因此,风险投资为了维护自身声誉,有强烈动机参与到被投企业的经营管理之中,督促企业努力提高自身诚信水平,杜绝经营失信行为。

与普通的外部投资者不同,风险投资除了给被投企业带来外部融资外,还能提供监督治理等增值服务。Barry等(1990)指出,风险投资主要通过向被投企业董事会派驻代表的方式实现对被投企业的监督治理。尤其是当风险投资持股达到一定比例时,会要求其在被投企业的董事会中拥有与所持股份相当的决策权,从而实现其监督治理职能(Sahlman,1990;袁蓉丽 等,2014)。风险投资在长期对的投资过程中积累了丰富的管理经验,风险投资在监督治理的过程中,通过引入先进的管理经验,可以有效改善企业治理水平,提高企业的诚信水平,降低企业的失信违规行为。

首先,风险投资派驻代表进入董事会,可以有效对企业的管理层进行监督与指导,帮助管理层树立诚信意识,形成以诚实守信为指导原则的经营习惯和经营方式,这有助于提高企业的诚信水平,从而在应付账款的支付方面,更加及时,避免逾期或故意长期拖欠应付款项,最终缩短商业信用融资期限。

其次,企业的失信违规行为主要来自管理层的短视倾向,而管理层股权激励是缓解管理层短视倾向问题的重要手段(王百强 等,2021)。Hellmann等(2002)发现,风险投资在参与被投企业治理的过程中,管理层股权激励是风险投资对被投企业进行专业化的人力资源管理的重要方式。通过设计或优化管理层股权激励机制,促进管理层利益与股东利益趋同,可以有效缓解管理层短视倾向问题,这有助于提高企业的诚信水平,减少企业失信行为,促使企业在应付账款的支付方面减少逾期或者故意长期拖欠应付款项的行为,最终缩短商业信用融资期限。

基于以上分析,提出假说H2:风险投资会缩短被投企业的商业信用融资期限。

5.3 研究设计

5.3.1 样本选择与数据来源

本章选择2005—2019年沪深A股上市公司为研究样本,并对所选样本进行以下步骤的筛选:① 剔除样本中ST、*ST等非正常上市公司;② 剔除金融类上市公司;③ 若公司相关数据在样本期间内缺失,则通过查询相关公司的年报等对缺失值进行补充,如果查询不到相关数据,则剔除相关观测值。为了消除极端值可能产生的影响,对所有连续变量在1%以及99%的分位数上采取了Winsorize处理。本章涉及的数据主要来自CSMAR数据库和CVSource数据库。

5.3.2 变量说明

5.3.2.1 被解释变量

商业信用融资规模(TCD)。本书借鉴徐飞(2019)、耿艳丽等(2021)、孙昌玲等(2021)的研究,以应付账款、应付票据的总和来衡量公司获得的商业信用规模,并以年末总资产对其进行标准化。

商业信用融资期限(TCDDur)。虽然上市公司不会披露应付款项的实际天数等商业信用融资期限的具体信息,但是上市公司在财务报表附注中,以年为单位将应付账款的账龄进行划分,详细披露了不同账龄的应付账款信息,这为我们考察商业信用融资期限提供了可能。受限于数据的可获得性,本书参考Wu等(2014)、陈胜蓝等(2018)的研究,将应付账款的账龄超过1年的部分定义为期限较长的商业信用融资。长期的应付款项的减少意味着企业在及时偿还商业信用融资,即企业正在降低商业信用融资期限。具体而言,商业信用融资期限(TCDDur)以账龄超过1年的应付账款除以年末总资产表示。

5.3.2.2 解释变量

风险投资(VC)。风险投资机构的识别方法与第4章一致。在定义方面,参考吴超鹏等(2012)、陈思等(2017)的研究,如果上市公司的前十大股东中有风险投资,则该公司存在风险投资背景,虚拟变量VC取值为1,否则取值为0。

5.3.2.3 控制变量

本书参考吴超鹏等(2012)、张园园等(2021)的研究,选择的控制变量包括:股权集中度(Top1)、企业规模(Size)、成长能力(Groth)、现金流量比率(Cash)、盈利能力(ROA)、财务杠杆(Level)、企业年龄(Age)、固定资产占比

(PPE)、存货占比(Invent)、财务费用率(FER)以及毛利率(GPM)等。其中，股权集中度以企业第一大股东持股比例表示；企业规模以企业年末总资产的自然对数表示；成长能力以营业总收入年增长率表示；现金流量比率以经营性活动产生现金净流量除以营业总收入表示；盈利能力以净利润除以年末总资产表示；财务杠杆以总负债除以总资产表示；企业年龄以当期年份与企业成立年份之差表示；固定资产占比以固定资产除以年末总资产表示；存货占比以存货除以年末总资产表示；财务费用率以财务费用除以年末总资产表示；毛利率以营业总收入与营业总成本之差除以营业总收入表示。本章变量的定义方式见表 5-1。

表 5-1 变量定义表

变量名称	变量符号	变量定义
商业信用融资规模	TCD	(应付账款＋应付票据)/年末总资产
商业信用融资期限	TCDDur	账龄超过一年的应付账款/年末总资产
风险投资	VC	公司存在风险投资背景，取值为1，否则取值为0
股权集中度	Top1	第一大股东持股比例
企业规模	Size	企业年末总资产的自然对数
成长能力	Groth	营业总收入年增长率
现金流量比率	Cash	经营性活动产生现金净流量/营业总收入
盈利能力	ROA	净利润/年末总资产
财务杠杆	Level	总负债/年末总资产
企业年龄	Age	当期年份－成立年份
固定资产占比	PPE	固定资产/年末总资产
存货占比	Invent	存货/年末总资产
财务费用率	FER	财务费用/年末总资产
毛利率	GPM	(营业总收入－营业总成本)/营业总收入

5.3.3 模型设定

为了检验风险投资对被投企业商业信用融资规模的影响，构建如下计量模型：

$$\mathrm{TCD}_{i,t+1} = \alpha_0 + \alpha_1 \mathrm{VC}_{i,t} + X_{i,t} + \lambda_i + \tau_t + \varepsilon_{i,t} \tag{5-1}$$

其中，$TCD_{i,t+1}$表示企业i第$t+1$年的商业信用融资规模，$VC_{i,t}$表示企业i第t年是否有风险投资背景，$X_{i,t}$为控制变量，λ_i为企业个体固定效应，τ_t为时间固定效应，$\varepsilon_{i,t}$为随机扰动项。在模型(5-1)中，如果VC的系数α_1显著为正，表明风险投资会增加被投企业的商业信用融资规模，那么假说H1得到验证。

为了检验风险投资对被投企业商业信用融资期限的影响，构建如下计量模型：

$$TCDDur_{i,t+1} = \alpha_0 + \alpha_1 VC_{i,t} + X_{i,t} + \lambda_i + \tau_t + \varepsilon_{i,t} \tag{5-2}$$

其中，$TCDDur_{i,t+1}$表示企业i第$t+1$年的商业信用融资期限，其他变量定义与模型(5-1)一致。在模型(5-2)中，如果VC的系数α_1显著为负，表明风险投资会缩短被投企业的商业信用融资期限，那么假说H2得到验证。

5.3.4 描述性统计与相关性分析

表5-2给出了本章所涉及的主要变量的描述性统计。商业信用融资规模(TCD)的平均值为13.321，表明样本内企业的平均商业信用融资规模为13.321%，中位数为10.845，最小值为0.327，最大值为46.412，标准差为9.914。商业信用融资期限(TCDDur)的平均值为0.966，中位数为0.383，最大值为9.210，最小值为0.000，标准差为1.574。风险投资(VC)的平均值为0.244，表明样本内有24.4%的观测值有风险投资背景。

表5-2 主要变量的描述性统计

变量名称	观测值	平均值	中位数	最小值	最大值	标准差
TCD	23 443	13.321	10.845	0.327	46.412	9.914
TCDDur	11 069	0.966	0.383	0.000	9.210	1.574
VC	29 820	0.244	0.000	0.000	1.000	0.430
Size	29 820	22.024	21.847	19.604	26.094	1.287
Top1	29 820	35.399	33.355	8.800	74.960	15.082
Level	29 820	44.803	44.876	5.585	90.811	20.695
Cash	29 820	7.899	7.642	−127.724	82.201	23.243
ROA	29 820	3.569	3.475	−27.690	19.024	6.013
Groth	29 820	0.194	0.120	−0.607	2.918	0.449

表 5-2（续）

变量名称	观测值	平均值	中位数	最小值	最大值	标准差
Age	29 820	15.535	15.000	4.000	30.000	5.657
PPE	29 820	23.526	20.053	0.201	72.960	17.283
Invent	29 820	15.643	11.945	0.002	73.070	14.569
FER	29 820	0.802	0.665	−1.669	4.194	1.138
GPM	29F820	4.510	5.285	−117.547	45.425	19.386

表5-3给出了本章所涉及的主要变量的相关性分析结果。风险投资（VC）与商业信用融资规模（TCD）的相关系数为0.046，且在1%的置信水平下显著，表明风险投资（VC）与商业信用融资规模（TCD）显著正相关，这初步验证了假说H1。风险投资（VC）与商业信用融资期限（TCDDur）的相关系数为−0.030，且在1%的置信水平下显著，表明风险投资（VC）与商业信用融资期限（TCDDur）显著负相关，这初步验证了假说H2。

表 5-3 主要变量的相关性分析

变量	TCD	TCDDur	VC	Size	Top1	Level	Cash
TCD	1						
TCDDur	0.322***	1					
VC	0.046***	−0.030***	1				
Size	0.135***	0.121***	0	1			
Top1	0.032***	0.044***	−0.090***	0.208***	1		
Level	0.355***	0.295***	−0.070***	0.430***	0.057***	1	
Cash	−0.114***	−0.080***	−0.027***	0.045***	0.055***	−0.130***	1
ROA	−0.106***	−0.172***	0.012**	0.042***	0.122***	−0.372***	0.225***
Groth	0.029***	−0.033***	0.060***	0.066***	0.022***	0.040***	0.025***
Age	0.019***	0.074***	0.011*	0.207***	−0.148***	0.112***	−0.031***
PPE	−0.134***	−0.069***	−0.077***	0.050***	0.090***	0.082***	0.232***
Invent	0.073***	0.117***	−0.046***	0.082***	0.053***	0.309***	−0.254***
FER	0.032***	0.095***	−0.066***	0.164***	−0.043***	0.627***	−0.014**
GPM	−0.114***	−0.128***	0.022***	0.111***	0.146***	−0.256***	0.325***
变量	ROA	Groth	Age	PPE	Invent	FER	GPM
ROA	1						
Groth	0.209***	1					

表 5-3（续）

变量	ROA	Groth	Age	PPE	Invent	FER	GPM
Age	−0.060***	−0.029***	1				
PPE	−0.098***	−0.079***	−0.089***	1			
Invent	−0.068***	0.030***	0.049***	−0.343***	1		
FER	−0.379***	−0.040***	0.034***	0.367***	0.046***	1	
GPM	0.725***	0.219***	−0.083***	−0.032***	−0.024***	−0.308***	1

注：***、**、*分别对应1%、5%、10%显著性水平。

5.4 实证结果及分析

5.4.1 风险投资对被投企业商业信用融资规模以及期限的影响

5.4.1.1 单变量检验

表 5-4 给出了单变量检验的结果。对 TCD 进行单变量检验时，从样本分布来看，有风险投资的样本有 5 365 个观测值，无风险投资的样本有 18 078 个观测值。在有风险投资的样本中，无论是 TCD 的均值还是中位数，均显著高于无风险投资的样本。这一结果初步验证了假说 H1，即风险投资会增加被投企业的商业信用融资规模。

对 TCDDur 进行单变量检验时，从样本分布来看，有风险投资的样本有 2 686 个观测值，无风险投资的样本有 8 383 个观测值。在有风险投资的样本中，无论是 TCDDur 的均值还是中位数，均显著低于无风险投资的样本。这一结果初步验证了假说 H2，即风险投资会缩短被投企业的商业信用融资期限。

表 5-4 单变量检验

变量	有风险投资（VC=1）			无有风险投资（VC=0）			样本差异检验	
	样本量	平均值	中位数	样本量	平均值	中位数	平均值	中位数
TCD	5 365	14.159	12.011	18 078	13.072	10.430	1.087***	1.581***
TCDDur	2 686	0.883	0.290	8 383	0.992	0.410	−0.109***	−0.120***

注：***、**、*分别对应1%、5%、10%显著性水平，平均值差异检验为 T 检验，中位数差异检验为 Wilcoxon 秩和检验。

5.4.1.2 多元回归分析

采用 F 检验和 Hausman 检验来判断模型(5-1)和模型(5-2)是否具备最佳适应性。检验结果表明,模型(5-1)和模型(5-2)所设定的固定效应模型适用性最佳。

表 5-5 给出了模型(5-1)和模型(5-2)的回归结果。第(1)列为基线回归,只控制了个体固定效应,第(2)列在第(1)列的基础上加入了控制变量,第(3)列在第(2)列的基础上控制了年份固定效应。第(1)列至第(3)列中,VC 的系数始终显著为正,表明风险投资可以增加被投企业的商业信用融资规模,假说 H1 得到验证。同样,第(4)至第(6)列中,VC 的系数始终显著为负,表明风险投资可以缩短被投企业的商业信用融资期限,假说 H2 得到验证。

表 5-5 风险投资与被投企业商业信用融资

变量	(1) TCD	(2) TCD	(3) TCD	(4) TCDDur	(5) TCDDur	(6) TCDDur
VC	0.412**	0.515***	0.500***	−0.140***	−0.135***	−0.141***
	(2.350)	(3.250)	(3.140)	(−2.950)	(−2.920)	(−3.070)
Size		−0.420**	−0.463**		0.092*	0.089*
		(−2.310)	(−2.510)		(1.700)	(1.670)
Top1		−0.017	−0.018		−0.002	−0.003
		(−1.430)	(−1.500)		(−0.540)	(−0.800)
Level		0.136***	0.137***		0.013***	0.013***
		(16.070)	(16.120)		(5.270)	(5.190)
Cash		0.003	0.003		−0.000	0.000
		(1.600)	(1.350)		(−0.020)	(0.180)
ROA		−0.025	−0.017		−0.014***	−0.013***
		(−1.600)	(−1.120)		(−2.910)	(−2.850)
Groth		0.569***	0.595***		−0.107***	−0.103***
		(5.570)	(5.690)		(−3.320)	(−3.120)
Age		0.094***	−0.353		0.026**	−0.054
		(2.800)	(−0.910)		(2.560)	(−0.530)
PPE		−0.006	−0.007		0.006***	0.006***

表 5-5（续）

变量	(1) TCD	(2) TCD	(3) TCD	(4) TCDDur	(5) TCDDur	(6) TCDDur
		(−0.790)	(−0.940)		(2.920)	(2.790)
Invent		0.023**	0.025**		−0.001	−0.001
		(2.070)	(2.220)		(−0.300)	(−0.350)
FER		−0.823***	−0.850***		−0.029	−0.027
		(−7.770)	(−7.800)		(−1.020)	(−0.900)
GPM		0.004	0.004		0.001	0.001
		(0.770)	(0.820)		(0.580)	(0.480)
Constant	13.227***	15.791***	23.815***	1.000***	−1.954*	−0.429
	(330.370)	(4.340)	(3.060)	(86.980)	(−1.830)	(−0.220)
Year FE	No	No	Yes	No	No	Yes
Firm FE	Yes	Yes	Yes	Yes	Yes	Yes
N	23 443	23 443	23 443	11 069	11 069	11 069
Adj. R^2	0.001	0.070	0.074	0.002	0.050	0.053

注：1. ***、**、* 分别对应1%、5%、10%显著性水平。
2. 标准误在企业层面进行了聚类处理；下同。

5.4.2 内生性检验

在内生性检验中，结合本章的研究内容，本章主要利用倾向得分匹配法克服选择性偏误可能导致的内生性问题、利用工具变量克服反向因果可能导致的内生性问题、利用GMM动态面板回归克服被解释变量自相关可能导致的内生性问题、利用联立方程估计克服商业信用供给与需求之间相互作用而产生的内生性问题。

5.4.2.1 倾向得分匹配

不同企业的运营发展情况存在较大差异，为了使有风险投资背景与没有风险投资背景的企业在各方面特征上尽可能相似，以具有可比性，避免选择性偏误导致的内生性问题，本部分将通过倾向得分匹配法（PSM）对前文的实证结果进行内生性检验。

首先，按照企业是否具有风险投资背景将样本内的企业分为两组，将有风险投资的企业定义为实验组,将没有风险投资背景的企业定义为控制组;然后,利用 Logit 模型计算倾向得分;最后,采用一对一最近邻匹配的方法对实验组与控制组进行匹配。

受限于篇幅,附录中的表5和表6分别给出了基于被解释变量 TCD 进行最近邻匹配和核匹配后匹配变量均衡性的检验结果,各个变量在匹配后偏差比例最大值为3.8%,远低于 Rosenbaum 等(1983)所设定的偏差比例的上限值20%,这表明最近邻匹配和核匹配中各个变量的匹配效果均较好。附录中的表7和表8分别给出了基于被解释变量 TCDDur 进行最近邻匹配和核匹配后匹配变量均衡性的检验结果,各个变量在匹配后偏差比例最大值为6.1%,这表明最近邻匹配和核匹配中各个变量的匹配效果较好。

表 5-6 给出了风险投资对被投企业商业信用融资规模和商业信用融资期限的平均处理效应 ATT 的估计值。Panel A 为最近邻匹配法的结果,ATT 的估计值分别为 0.854 和 −0.114,且在 1% 或 5% 的置信水平下显著。Panel B 为核匹配法的结果,ATT 的估计值分别为 1.027 和 −0.082,且在 1% 或 10% 的置信水平下显著,这表明风险投资可以显著增加被投企业的商业信用融资规模,并显著缩短被投企业的商业信用融资期限,假说 H1 和 H2 得到验证,与上述研究结果保持一致。

表 5-6 ATT 估计值

变量	匹配状态	实验组	控制组	ATT	标准误	t 统计量
Panel A 最近邻匹配法						
TCD	匹配前	14.159	13.072	1.087	0.154	7.060***
	匹配后	14.163	13.309	0.854	0.217	3.930***
TCDDur	匹配前	0.883	0.993	−0.110	0.035	−3.160***
	匹配后	0.885	0.999	−0.114	0.049	−2.360**
Panel B 核匹配法						
TCD	匹配前	14.159	13.072	1.087	0.154	7.060***
	匹配后	14.205	13.178	1.027	0.173	5.930***
TCDDur	匹配前	0.883	0.993	−0.110	0.035	3.160***
	匹配后	0.891	0.973	−0.082	0.043	−1.910*

注:***、**、*分别对应1%、5%、10%显著性水平。

第5章 风险投资与商业信用——基于需求方的视角

进一步,利用匹配后的样本对模型(5-1)和模型(5-2)进行回归,表5-7给出了相关回归结果。第(1)列和第(2)列为基于最近邻匹配法得到的样本,第(3)列和第(4)列为基于核匹配法得到的样本。被解释变量为TCD时,VC的系数显著为正,表明风险投资可以显著增加被投企业的商业信用融资规模,假说H1得到验证,与上述研究结果保持一致。被解释变量为TCDDur时,VC的系数显著为负,表明风险投资可以显著缩短被投企业的商业信用融资期限,假说H2得到验证,与上述研究结果保持一致。

综合上述实证结果可知,在排除选择性偏误导致的内生性问题可能带来的影响之后,回归结果依然支持本书的核心结论。

表5-7 基于匹配后样本的回归结果

变量	(1)	(2)	(3)	(4)
	最近邻匹配法		核匹配法	
	TCD	TCDDur	TCD	TCDDur
VC	0.342*	−0.116*	0.449***	−0.150***
	Yes	Yes	Yes	Yes
Control	(2.980)	(0.270)	(3.220)	(−0.010)
Year FE	Yes	Yes	Yes	Yes
Firm FE	Yes	Yes	Yes	Yes
N	8 408	4 178	21 175	8 360
Adj. R^2	0.075	0.049	0.073	0.052

注:***、**、*分别对应1%、5%、10%显著性水平。

5.4.2.2 工具变量

上述研究表明,风险投资可以增加被投企业的商业信用融资规模,缩短被投企业的商业信用融资期限,但是风险投资在选择被投企业时通常并不是随机的,而是经过严格筛选后才作出投资决策,因此较高的商业信用融资规模或较低的商业信用融资期限也有可能是风险投资的筛选条件之一,即风险投资进入企业后并不能增加企业的商业信用融资规模或缩短商业信用融资期限,而是企业本身较高的商业信用融资规模或较短的商业信用融资期限更容易受到风险投资者的青睐。为了减少反向因果导致的内生性问题,获取更稳健的估计量,本书引入工具变量,采用两阶段最小二乘法对上述实证结果进行内生性检验。

参考吴超鹏等(2012)、吴超鹏等(2017)的研究,本书将企业所属省份的风险投资的密度作为风险投资的工具变量,具体定义为企业所属省份的风险投资机构数量与该省份上市公司数量之比,以符号 VC_IV 表示。Cumming 等(2010)指出,风险投资为了减少信息不对称和监督成本,会优先选择本地企业。这种本土效用使得企业所属省份的风险投资机构密度可能会影响风险投资对被投企业的选择(吴超鹏 等,2012;吴超鹏 等,2017),但是商业信用融资规模及其期限作为企业个体的经营决策,不会受到当地风险投资机构密度的直接影响。

表 5-8 给出了采用风险投资机构密度作为工具变量进行两阶段最小二乘法回归后的结果以及相关的统计检验。

一阶段 F 统计量的值分别为 33.5800 和 18.6500,大于临界值 10,表明内生变量 VC 与工具变量 VC_IV 具有较强的相关性。不可识别检验(Underidentification Test)中 LM 统计量的值分别为 33.5700 和 18.6660,p 值小于 0.1,因此不可识别检验均拒绝了原假设,说明选择的工具变量与内生变量相关;弱工具变量检验(Weak Identification Test)中 Wald-F 统计量的值分别为 33.5840 和 18.6530,大于 Stock-Yogo 弱工具变量的临界值 16.3800,因此弱工具变量检验拒绝了原假设,不存在弱工具变量的问题。由于工具变量的个数与内生变量的个数相同,因此不再需要进行过度识别检验。上述检验结果表明,本书所选择的工具是合理有效的。

第(1)列和第(3)列为第一阶段的回归结果,VC 为被解释变量,工具变量 VC_IV 的系数在 1% 的置信水平下显著为正,表明风险投资机构密度与企业能否获得风险投资显著正相关。第(2)列和第(4)列为第二阶段的回归结果,TCD 和 TCDDur 为被解释变量,解释变量 VC 的系数仍然显著,表明风险投资可以增加被投企业的商业信用融资规模,缩短被投企业的商业信用融资期限,假说 H1 和 H2 得到验证,与上述研究结果保持一致。

综合表 5-8 的研究结果可知,在排除反向因果导致的内生性问题可能带来的影响之后,回归结果依然支持本书的核心结论。

表5-8 基于工具变量的内生性检验

变量	(1) VC	(2) TCD	(3) VC	(4) TCDDur
VC_IV	0.000 2***		0.000 3***	
	(5.800 0)		(4.320 0)	
VC		19.117 0***		−2.214 0**
		(4.570 0)		(−2.520 0)
Control	Yes	Yes	Yes	Yes
Year FE	Yes	Yes	Yes	Yes
Firm FE	Yes	Yes	Yes	Yes
N	22 964	22 964	10 742	10 742
一阶段F值	33.580 0		18.650 0	
Underidentification Test	33.570 0		18.666 0	
Weak Identification Test	33.584 0		18.653 0	

注：***、**、*分别对应1%、5%、10%显著性水平。

5.4.2.3 GMM动态面板回归

上述研究中以应付账款和应付票据之和除以年末总资产衡量企业的商业信用融资规模，由于应付账款和应付票据可能具有自相关性，即当期的应付账款和应付票据可能是由上期积累而来，这意味着过去一期的商业信用融资规模可能会影响其当期取值。同理，上述研究中以账龄超过1年的应付账款除以年末总资产衡量企业的商业信用融资期限，由于账龄超过1年的应付账款可能具有自相关性，即账龄超过1年的应付账款可能是多年积累而来，这意味着过去一期的商业信用融资期限可能会影响其当期的取值。

因此，本书参考肖文等（2019）、田国强等（2020）、葛新宇等（2021）、宋敏等（2021）的研究方法，分别在基准模型中加入商业信用融资规模和商业信用融资期限的滞后项，并利用GMM动态面板回归来进行内生性检验。

表5-9给出了基于GMM动态面板的回归结果以及相关检验。第（1）列和第（2）列中，Arellano-Bond一阶序列相关检验AR(1)的p值均小于0.1，而Arellano-Bond二阶序列相关检验AR(2)的p值均大于0.1，表明残差项存在一阶序列相关，但不存在二阶序列相关。Hansen过度识别的检验的p值均大于0.1，无法拒绝工具变量有效的原假设，表明工具变量的选取是

合理的。上述检验的结果表明,模型的设定是合理的。

第(1)列中被解释变量为 TCD,TCD 的一阶滞后项 L.TCD 的系数显著为正,表明当期的商业信用融资规模确实会受到前期值的影响。VC 的系数依然显著为正,表明风险投资可以增加被投企业的商业信用融资规模,假说 H1 得到验证,与上述研究结果保持一致。第(2)列中被解释变量为 TCDDur,TCDDur 的一阶滞后项 L.TCDDur 的系数显著为正,表明当期的商业信用融资期限确实会受到前期值的影响。VC 的系数依然显著为负,表明风险投资可以缩短被投企业的商业信用融资期限,假说 H2 得到验证,与上述研究结果保持一致。

综合表 5-9 的结果可知,在排除序列自相关可能带来的影响之后,回归结果依然支持本书的核心结论。

表 5-9 基于 GMM 动态面板回归分析的内生性检验

变量	(1) TCD	(2) TCDDur
L.TCD	0.747***	
	(13.650)	
L.TCDDur		0.636***
		(13.630)
VC	0.577*	−0.189**
	(1.800)	(−2.450)
Control	Yes	Yes
Year FE	Yes	Yes
N	18 446	8 519
AR(1)	0.000	0.000
AR(2)	0.768	0.159
Hansen	0.193	0.885

注:***、**、* 分别对应 1%、5%、10% 显著性水平。

5.4.2.4 联立方程估计

第 4 章的结果表明,风险投资会增加被投企业的商业信用供给规模,降低被投企业的商业信用供给期限;第 5 章的结果表明,风险投资会增加被投企业的商业信用融资规模,降低被投企业的商业信用融资期限。风险投资会同时影响商业信用的供给和需求,而且商业信用的供给与需求之间也可能相互影响,使得在第 4 章和第 5 章分别独立估计可能导致估计结果偏误。因此,本书采用联立方程估计来进一步获得稳健估计量,克服由于商业信用供给与需求之间相互作用而产生的内生性问题。

表 5-10 给出了基于联立方程估计的回归结果。第(1)列和第(2)列中,被解释变量分别为 TCS 和 TCSDur,VC 的系数分别显著为正和显著为负,表明风险投资会增加被投企业的商业信用供给规模,缩短被投企业的商业信用供给期限,与上述研究结果保持一致;第(3)列和第(4)列中,被解释变量分别为 TCD 和 TCDDur,VC 的系数分别显著为正和显著为负,表明风险投资会增加被投企业的商业信用融资规模,缩短被投企业的商业信用融资期限,与上述研究结果保持一致。

综合表 5-10 的结果可知,在排除商业信用供给与需求之间相互作用可能带来的影响之后,回归结果依然支持本书的核心结论。

表 5-10 基于联立方程估计的内生性检验

变量	(1) TCS	(2) TCSDur	(3) TCD	(4) TCDDur
TCD	0.160***	0.058***		
	(13.600)	(7.710)		
TCDDur	0.029	0.110***		
	(0.600)	(3.530)		
TCS			0.129***	0.006***
			(12.760)	(2.650)
TCSDur			−0.008	0.014***
			(−0.460)	(3.810)
VC	0.454***	−0.562***	0.451***	−0.142***
	(2.730)	(−5.340)	(2.920)	(−4.280)
Control	Yes	Yes	Yes	Yes
Year Fe	Yes	Yes	Yes	Yes
Firm Fe	Yes	Yes	Yes	Yes
N	8 822	7 431	8 822	7 431
Adj. R^2	0.086	0.087	0.097	0.054

注:***、**、* 分别对应 1%、5%、10% 显著性水平。

5.4.3 稳健性检验

在稳健性检验中,结合本章的研究内容,本章主要通过剔除金融危机期间的样本以排除金融危机影响、更换被解释变量的衡量方式以排除变量定义不同产生的影响。

5.4.3.1 排除金融危机影响

Carbo Valverde 等(2016)、Sáiz 等(2017)研究发现,在金融危机期间,企业的外部经营环境恶化会对企业的商业信用决策产生重要影响。为了避免金融危机期对本书研究结果的影响,本书剔除了金融危机相关年份的样本,进行稳健性检验。

表 5-11 给出了相关结果。第(1)列和第(2)列分别剔除了 2018 年和 2019 年相关数据后的回归结果,被解释变量为 TCD,VC 的系数显著为正,表明风险投资会增加被投企业的商业信用融资规模,假说 H1 得到验证,与上述研究结果保持一致。第(3)列和第(4)列分别剔除了 2018 年和 2019 年相关数据后的回归结果,被解释变量为 TCDDur,VC 的系数显著为负,表明风险投资会缩短被投企业的商业信用融资期限,假说 H2 得到验证,与上述研究结果保持一致。

综合表 5-11 的研究结果可知,在排除金融危机可能带来的影响之后,回归结果依然支持本书的核心结论。

表 5-11 排除金融危机影响

变量	(1) TCD	(2) TCD	(3) TCDDur	(4) TCDDur
VC	0.523***	0.513***	−0.139***	−0.150***
	(3.27)	(3.16)	(−2.93)	(−3.10)
Control	Yes	Yes	Yes	Yes
Year FE	Yes	Yes	Yes	Yes
Firm FE	Yes	Yes	Yes	Yes
N	22 102	20 695	10 430	9 761
Adj. R^2	0.075	0.076	0.052	0.051

注:***、**、* 分别对应 1%、5%、10% 显著性水平。

5.4.3.2 更换被解释变量的衡量方式

上述研究中以应付账款和应付票据的总和来衡量企业商业信用融资的规模,并以年末总资产对其进行标准化。在稳健性检验中,首先,参考李泽广等(2020)、刘春林等(2021)的研究,以应付账款衡量企业获得商业信用的规模,并以年末总资产对其进行标准化,该定义下的商业信用融资规模以符号 TCD1 表示。其次,以应付账款和应付票据的总和来衡量企业获得商业信用的规模,并以营业总收入对其进行标准化,该定义下的商业信用融资规模以符号 TCD2 表示。

上述研究中以账龄超过 1 年的应付账款除以年末总资产衡量企业的商业信用融资期限。在稳健性检验中,首先,参考陈胜蓝等(2018)的研究,以账龄超过 1 年的应付账款除以营业总收入衡量企业的商业信用融资期限,该定义下的商业信用融资期限以符号 TCDDur1 表示;其次,参考 Wu 等(2014)的研究,以账龄超过 1 年的应付账款除以应付账款总额衡量企业的商业信用融资期限,该定义下的商业信用融资期限以符号 TCDDur2 表示。

表 5-12 给出了更换被解释变量后的回归结果。第(1)列和第(2)列中,被解释变量分别为 TCD1 和 TCD2,VC 的系数始终显著为正,表明风险投资会增加被投企业的商业信用融资规模,假说 H1 得到验证,与上述研究结果保持一致。第(3)列和第(4)列中,被解释变量分别为 TCDDur1 和 TCDDur2,VC 的系数始终显著为负,表明风险投资会缩短被投企业的商业信用融资期限,假说 H2 得到验证,与上述研究结果保持一致。

综合表 5-12 的研究结果可知,在排除商业信用融资规模和商业信用融资期限的不同衡量方式可能带来的影响之后,回归结果依然支持本书的核心结论。

表 5-12 更换被解释变量的衡量方式

变量	(1)	(2)	(3)	(4)
	TCD1	TCD2	TCDDur1	TCDDur2
VC	0.217**	0.682**	−0.471***	−0.855**
	(2.090)	(2.080)	(−2.910)	(−2.030)
Control	Yes	Yes	Yes	Yes

表 5-12（续）

变量	(1) TCD1	(2) TCD2	(3) TCDDur1	(4) TCDDur2
Year	Yes	Yes	Yes	Yes
Industry	Yes	Yes	Yes	Yes
N	26 278	23 439	11 362	11 355
Adj. R^2	0.063	0.114	0.049	0.034

注：***、**、* 分别对应 1％、5％、10％显著性水平。

5.5 机制检验

上述研究验证了假说 H1 和假说 H2，风险投资会增加被投企业的商业信用融资规模，缩短被投企业的商业信用融资期限。在假说 H1 的理论分析中，风险投资主要通过促使企业实施进攻型战略、降低企业供应商集中度来增加被投企业的商业信用融资规模。在假说 H2 的理论分析中，风险投资主要通过提高企业诚信水平来缩短被投企业的商业信用融资期限。下面对此传导机制进行检验。

5.5.1 促进企业采取进攻型战略

本部分主要利用中介效应模型，检验风险投资能否通过促进企业采取进攻型战略来增加被投企业的商业信用融资规模。参考温忠麟等（2004）的研究，利用中介效应模型来检验"风险投资—进攻型战略—商业信用融资规模"的垂直传导机制。其检验过程共有三个步骤：第一，检验风险投资能否增加被投企业的商业信用融资规模，此结果已在上述研究中进行检验；第二，检验风险投资能否促进企业采取进攻型战略；第三，检验风险投资和进攻型战略同时对被投企业商业信用融资规模的影响。具体而言，在模型（5-1）的基础上，进一步构建如下计量模型：

$$\mathrm{STRA}_{i,t} = \beta_0 + \beta_1 \mathrm{VC}_{i,t} + X_{i,t} + \lambda_i + \tau_t + \varepsilon_{i,t} \tag{5-3}$$

$$\mathrm{TCD}_{i,t+1} = \gamma_0 + \gamma_1 \mathrm{VC}_{i,t} + \gamma_2 \mathrm{STRA}_{i,t} + X_{i,t} + \lambda_i + \tau_t + \varepsilon_{i,t} \tag{5-4}$$

其中，$\mathrm{STRA}_{i,t}$ 表示企业 i 第 t 年的企业战略，参考 Bentley 等（2013）、孙健等（2016）、方红星等（2019）的研究，利用企业的财务指标构建一个离散变量刻画企业战略。

该离散变量主要关注以下 6 个财务指标。① 研发支出水平,以无形资产与营业总收入之比表示,采取进攻型战略的企业注重新产品的开发,因而研发支出较多。② 提供产品和服务的效率,以员工人数与营业总收入之比表示,采取防御型战略的企业注重提升效率,单位营业总收入所需要的人员相对较少,采取进攻型战略的企业单位营业总收入所需要的人员相对较多。③ 成长能力,以营业总收入的同比增长率表示,采取进攻型战略的企业通常成长较快。④ 费用率,以销售费用与管理费用之和与营业总收入之比表示,采取进攻型战略的企业注重新市场的开拓,因而费用率较高。⑤ 员工波动水平,以 5 年的员工数量标准差与 5 年的员工平均数量之比表示,采取进攻型战略的企业需要根据不断变化的业务调整人员结构,因而员工波动水平较高。⑥ 资本密度,以固定资产与年末总资产之比表示,采取进攻型战略的企业的人力资本密度较高,而资本密度相对较低。

首先,计算上述 6 个财务指标过去 5 年的平均值。其次,对于前 5 个财务指标而言,将计算好的平均值按照"年度—行业"从小到大分为 5 组,5 组按照从小到大的顺序依次赋值为 0~4;对于第 6 个财务指标而言,将计算好的平均值按照"年度—行业"从小到大分为 5 组,5 组按照从小到大的顺序依次赋值为 4~0。最后,将 6 个财务指标的赋值加总,得到刻画企业战略的离散变量 STRA,该离散变量的取值范围为 0~24,其取值越大,表示企业采取的战略越激进,越符合进攻型战略;其取值越小,表示企业采取的战略越保守,越符合防御型战略。

如果在模型(5-1)中 α_1 显著为正和模型(5-3)中 β_1 显著为正的基础上,模型(5-4)中 γ_2 显著为正,则表明进攻型战略是风险投资增加企业商业信用融资规模的中介变量,即风险投资通过促进企业实施进攻型战略来增加被投企业商业信用融资规模。如果在模型(5-1)中 α_1 显著为正的基础上,模型(5-3)中 β_1 和模型(5-4)中 γ_2 至少有一个不显著,则需要利用 Sobel 检验对结果进行检验,如果通过 Sobel 检验,则表明进攻型战略是风险投资增加被投企业商业信用融资规模的中介变量,否则不是中介变量。如果在模型(5-1)中 α_1 不显著,则表明风险投资无法影响被投企业的商业信用融资规模,从而进攻型战略亦不是风险投资影响被投企业商业信用融资规模的中介变量。

表 5-13 的第(1)列和第(2)列分别给出了模型(5-3)和模型(5-4)的回归结果。第(2)列中,被解释变量为 STRA,解释变量 VC 的系数显著为正,表明风险投资可以促进企业进攻型战略的实施。第(3)列中,被解释变量为 TCD,解释变量 VC 的系数显著为正,表明风险投资可以增加被投企业的商业信用融资规模;中介变量 STRA 的系数显著为正,表明进攻型战略可以增加企业的商业信用融资规模。综合上述回归结果,"风险投资—进攻型战略—商业信用融资规模"的垂直传导机制得到验证,即风险投资可以通过促进企业进攻型战略的实施来增加被投企业的商业信用融资规模。

表 5-13 风险投资增加商业信用融资规模、降低商业信用融资期限的机制检验

变量	(1) STRA	(2) TCD	(3) Sup	(4) TCD	(5) Int	(6) TCDDur
VC	0.298***	0.346*	−1.078**	0.600***	0.029***	−0.137***
	(2.790)	(1.940)	(−2.470)	(3.190)	(3.420)	(−2.990)
STRA		0.069***				
		(3.540)				
Sup				−0.012*		
				(−1.870)		
Int						−0.136**
						(−2.150)
Control	Yes	Yes	Yes	Yes	Yes	Yes
Year FE	Yes	Yes	Yes	Yes	Yes	Yes
Firm FE	Yes	Yes	Yes	Yes	Yes	Yes
N	16 711	16 711	14 700	14 700	11 069	11 069
Adj. R^2	0.054	0.057	0.038	0.081	0.038	0.054

注:***、**、* 分别对应 1%、5%、10% 显著性水平。

5.5.2 降低企业供应商集中度

本部分主要利用中介效应模型,检验风险投资能否通过降低供应商集中度来增加被投企业的商业信用融资规模。参考温忠麟等(2004)的研究,利用中介效应模型来检验"风险投资—供应商集中度—商业信用融资规模"的垂直传导机制。其检验过程共有三个步骤:第一,检验风险投资能否增加

被投企业的商业信用融资规模,此结果已在上述研究中进行检验;第二,检验风险投资能否降低被投企业的供应商集中度;第三,检验风险投资和供应商集中度同时对被投企业商业信用融资的影响规模。具体而言,在模型(5-1)的基础上,进一步构建如下计量模型:

$$\text{Sup}_{i,t} = \beta_0 + \beta_1 \text{VC}_{i,t} + X_{i,t} + \lambda_i + \tau_t + \varepsilon_{i,t} \quad (5\text{-}5)$$

$$\text{TCD}_{i,t+1} = \gamma_0 + \gamma_1 \text{VC}_{i,t} + \gamma_2 \text{Sup}_{i,t} + X_{i,t} + \lambda_i + \tau_t + \varepsilon_{i,t} \quad (5\text{-}6)$$

其中,$\text{Sup}_{i,t}$表示企业i第t年的供应商集中度,参考唐跃军(2009)、Patatoukas(2012)、王雄元等(2017)的研究,供应商集中度(Sup)以企业前五大供应商采购额占年度总采购额的比例表示。中介效应的判别方法参考本节第一部分内容。

表5-13的第(3)列和第(4)列分别给出了模型(5-5)和模型(5-6)的回归结果。第(3)列中,被解释变量为Sup,解释变量VC的系数显著为负,表明风险投资可以降低企业的供应商集中度。第(4)列中,被解释变量为TCD,解释变量VC的系数显著为正,表明风险投资可以增加被投企业的商业信用融资规模;中介变量Sup的系数显著为负,表明供应商集中度越高越会降低企业的商业信用融资规模。综合上述回归结果,"风险投资—供应商集中度—商业信用融资规模"的垂直传导机制得到验证,即风险投资可以通过降低供应商集中度来增加被投企业的商业信用融资规模。

5.5.3 提高企业诚信水平

本部分主要利用中介效应模型,检验风险投资能否通过提高诚信水平来缩短被投企业的商业信用融资期限。参考温忠麟等(2004)的研究,利用中介效应模型来检验"风险投资—诚信水平—商业信用融资期限"的垂直传导机制。其检验过程共有三个步骤:第一,检验风险投资能否缩短被投企业的商业信用融资期限,此结果已在上述研究中进行检验;第二,检验风险投资能否提高被投企业的诚信水平;第三,检验风险投资和诚信水平同时对被投企业商业信用融资期限的影响。具体而言,在模型(5-2)的基础上,进一步构建如下计量模型:

$$\text{Int}_{i,t} = \beta_0 + \beta_1 \text{VC}_{i,t} + X_{i,t} + \lambda_i + \tau_t + \varepsilon_{i,t} \quad (5\text{-}7)$$

$$\text{TCDDur}_{i,t+1} = \gamma_0 + \gamma_1 \text{VC}_{i,t} + \gamma_2 \text{Int}_{i,t} + X_{i,t} + \lambda_i + \tau_t + \varepsilon_{i,t} \quad (5\text{-}8)$$

其中,$\text{Int}_{i,t}$表示企业i第t年的诚信水平。李文佳等(2021)指出,企业诚信水平越高,其失信违规的可能性越低,因此诚信水平(Int)以上市公司年度违规次数作为企业诚信水平的代理变量。具体而言,参考陈冬华等(2013)、周泽将等(2019)的研究方法,利用CSMAR数据库中企业违规数据,对违规企业追溯,将违规行为所涉及的年份定义为企业的违规年份,统计每个企业年度违规次数。对违规次数加1后取倒数,以此衡量企业的诚信水平(Int)。在该定义之下,企业的诚信水平越高,Int的值越大;反之,企业的诚信水平越低,Int的值越小。中介效应的判别方法参考本节第一部分内容。

表5-13的第(5)列和第(6)列分别汇报了模型(5-7)和模型(5-8)的回归结果。第(5)列中,被解释变量为Int,解释变量VC的系数显著为正,表明风险投资可以提高被投企业的诚信水平。第(6)列中,被解释变量为TCDDur,解释变量VC的系数显著为负,表明风险投资可以缩短被投企业的商业信用融资期限;解释变量Int的系数显著为负,表明诚信水平越高,企业的商业信用融资期限越短。综合上述回归结果,"风险投资—诚信水平—商业信用融资期限"的垂直传导机制得到验证,即风险投资可以通过提高诚信水平来缩短被投企业的商业信用融资期限。

5.6 异质性分析

本章主要研究风险投资对被投企业商业信用融资规模及其期限的影响,因而主要从风险投资的视角以及企业的视角进行异质性分析,通过探究风险投资的异质性特征对企业商业信用融资规模及其期限的影响、风险投资在不同异质性特征的企业中对商业信用融资规模及其期限的影响,有助于我们更加全面而深刻地理解风险投资如何改善供应商—企业之间的商业信用。

5.6.1 基于风险投资视角的异质性分析

风险投资具有不同的特征,其行为模式可能存在差异,进而对被投企业的商业信用融资决策产生不同影响。既然上述研究已经证实风险投资会增加被投企业的商业信用融资规模,缩短被投企业的商业信用融资期限,那么风险投资的异质性特征是否会对被投企业的商业信用融资规模和商业信用融资期限产生不同影响?本部分将尝试回答上述问题。参考既有研究,本部分主要考察联合持股、股权性质和声誉等三种风险投资异质性特征对被投企业商业信用融资规模以及期限的影响。

5.6.1.1 风险投资联合持股

风险投资是否联合持股,可能对企业的商业信用融资规模产生不同的影响。首先,Brander等(2002)发现,相较于单一风险投资持股,多家风险投资进行联合持股时,可以有效分散彼此的投资风险,对于企业从事高风险的经营活动失败的容忍度更高。刘娥平等(2022)发现,风险投资联合持股时,企业的风险承担水平更高。Bayar等(2020)认为,风险投资联合持股时,对企业的控制能力更强,更容易通过参与董事会决策参与企业未来发展战略的制定。因此,风险投资联合持股对企业开拓新市场、开发新产品等高风险活动有着更高的容忍度,更倾向于促使企业采取进攻型战略。根据商业信用融资的替代性融资假说,相较于单一风险投资持股的企业,联合风险投资持股的企业更倾向于促使企业采取进攻型战略,因而更加难以从银行等正规金融机构获得信贷,对商业信用融资的需求更加迫切。其次,不同的风险投资机构所积累的社会网络资源不同,当多家风险投资机构进行联合投资时,被投企业可以同时享有多家风险投资机构的社会网络资源(Tian,2012),这有助于企业进一步拓展供应商渠道,从而有效降低企业的供应商集中度,最终增加企业的商业信用融资。相比之下,风险投资单一持股的企业无法获得风险投资联合持股的企业所享有的许多异质性资源(陈思 等,2017)。根据商业信用融资的买方市场假说,相较于单一风险投资持股的企业,联合风险投资持股的企业拥有更多的供应商,供应商的集中程度更低,议价能力更高,可从供应商处获得更多的商业信用。综合上述分析,本书预测,相较于单一持股的风险投资,联合持股的风险投资更能增加被投企业的商业信用融资规模。

风险投资是否联合持股,也可能对企业的商业信用融资期限产生不同的影响。当多家风险投资机构进行联合投资时,如果被投企业因失信违规而导致风险投资声誉受损,造成的后果将更加严重,因此风险投资联合持股时更容易被声誉约束机制所影响,对于声誉的维护更加重视,所以更有动力监督治理被投企业,防止被投企业因失信违规行为而使得风险投资的声誉受损(杨艳萍 等,2021)。相较于风险投资单一持股的企业,在监督治理被投企业的过程中,联合持股的风险投资会向企业派驻多个代表进入董事会,对企业管理层进行更加全面的监督,帮助管理层进一步树立诚信经营的理念,更有可能减少管理层的失信决策,从而更加及时地支付应付账款,商业信用融资期限更短。而且,风险投资联合持股后,通过相互之间的协同合作,可以建立更加合理的管理层激励机制,使企业治理更加完善(Brander et al.,2002;Nguyen et al.,2021),这也能有效克服管理层故意拖欠应收账款等失信行为,使得商业信用融资期限更短。综合上述分析,本书预测,相较于单一持股的风险投资,联合持股的风险投资更能缩短被投企业的商业信用融资期限。

为了检验该预测,本书构建如下计量模型:

$$TCD_{i,t+1} = \alpha_0 + \alpha_1 VCSynd_{i,t} + X_{i,t} + \lambda_i + \tau_t + \varepsilon_{i,t} \tag{5-9}$$

$$TCDDur_{i,t+1} = \alpha_0 + \alpha_1 VCSynd_{i,t} + X_{i,t} + \lambda_i + \tau_t + \varepsilon_{i,t} \tag{5-10}$$

其中,VCSynd 表示风险投资联合持股,参考吴超鹏等(2012)、陈思等(2017)的研究,风险投资联合持股(VCSynd)以虚拟变量定义,如果上市公司的前十大股东中有两家及以上的风险投资,则 VCSynd 取值为1,否则取值为0。

表5-14的第(1)列汇报了模型(5-9)的回归结果,VCSynd 的系数显著为正,表明相较于单一持股的风险投资,联合持股的风险投资更能增加被投企业的商业信用融资规模,这验证了本书的预测。第(2)列汇报了模型(5-10)的回归结果,VCSynd 的系数显著为负,表明相较于单一持股的风险投资,联合持股的风险投资更能缩短被投企业的商业信用融资期限,这验证了本书的预测。

表5-14 基于风险投资视角的异质性分析

变量	(1) TCD	(2) TCDDur	(3) TCD	(4) TCDDur	(5) TCD	(6) TCDDur
VCSynd	0.457*	−0.170***				
	(1.760)	(−2.720)				
VCPrivate			0.572*	−0.208*		
			(1.790)	(−1.810)		
VCReputation					0.983**	−0.150*

表 5-14（续）

变量	(1) TCD	(2) TCDDur	(3) TCD	(4) TCDDur	(5) TCD	(6) TCDDur
					(2.130)	(−1.820)
Control	Yes	Yes	Yes	Yes	Yes	Yes
Year FE	Yes	Yes	Yes	Yes	Yes	Yes
Firm FE	Yes	Yes	Yes	Yes	Yes	Yes
N	5 365	2 686	5 365	2 686	5 365	2 686
Adj. R^2	0.071	0.078	0.071	0.078	0.071	0.076

注：***、**、*分别对应1%、5%、10%显著性水平。

5.6.1.2 风险投资股权性质

不同股权性质的风险投资，可能对企业的商业信用融资规模产生不同的影响。首先，钱苹等（2007）、马宁（2019）认为，国有背景的风险投资的运营尚未完全市场化，投资经验不如私有背景的风险投资丰富，积累的网络资源与人际关系也不如私有背景的风险投资丰富，从而对企业供应商渠道的拓展作用有限。根据商业信用融资的买方市场假说，相较于国有背景的风险投资，私有背景的风险投资可以为企业带来更多的供应商，供应商集中度更低，议价能力更高，可以从供应商处获得更多的商业信用。其次，国有背景的风险投资的资金主要来自政府机构和国有企业（许昊 等，2015），国有资产增值保值的压力使得国有背景的风险投资可能出现风险规避的行为（李文贵 等，2012；王美英 等，2019），因此不愿意支持企业采取进攻型战略，防御型战略更符合国有资产增值保值的目的。国有背景的风险投资的运营尚未完全市场化，管理经验与背景知识相对缺乏（钱苹 等，2007；马宁，2019），对市场的发展现状与未来的发展前景的理解和预判不如私有背景的风险投资深刻，因此难以对企业制定进攻型战略提供帮助。相比而言，私有背景的风险投资有着更高的风险承担意愿、更丰富的管理经验与背景知识，更愿意促使企业采取进攻型战略。根据商业信用融资的替代性融资假说，相较于国有背景风险投资持股的企业，私有背景风险投资持股的企业更有可能采取进攻型战略，因而更加难以从银行等正规金融机构获得信贷，对商业信用融资的需求更加迫切。综合上述分析，本书预测，相较于国有背景的风险投资,私有背景的风险投资更能增加被投企业的商业信用融资规模。

不同股权性质的风险投资,也可能对企业的商业信用融资期限产生不同的影响。私有背景的风险投资以获得巨额回报为目标,而被投企业的失信违规行为会让风险投资声誉受损,降低投资收益,因此私有背景的风险投资比国有背景的风险投资更加重视自身的声誉。为了维护自身声誉,私有背景的风险投资在参与被投企业的监督治理方面,有着更强烈的动机和更严格的要求。因此,私有背景的风险投资对管理层诚信经营的理念更加重视,更加无法容忍管理层拖欠账款等有损声誉的行为,从而导致企业更加及时地支付应付账款,商业信用融资期限更短。此外,国有背景的风险投资的运营尚未完全市场化,所积累的管理经验不如私有背景的风险投资丰富(钱苹 等,2007;马宁,2019)。Bottazzi 等(2008)、李善民等(2019)发现,管理经验越丰富的风险投资不仅会更积极地参与被投企业的监督治理,而且对被投企业的监督治理效果也更好。私有背景的风险投资可以建立更加合理的管理层激励机制,使企业治理更加完善,这也能有效克服管理层故意拖欠应收账款等失信行为,使得商业信用融资期限更短。综合上述分析,本书预测,相较于国有背景的风险投资,私有背景的风险投资更能缩短被投企业的商业信用融资期限。

为了检验该预测,本书构建如下计量模型:

$$\text{TCD}_{i,t+1} = \alpha_0 + \alpha_1 \text{VCPrivate}_{i,t} + X_{i,t} + \lambda_i + \tau_t + \varepsilon_{i,t} \tag{5-11}$$

$$\text{TCDDur}_{i,t+1} = \alpha_0 + \alpha_1 \text{VCPrivate}_{i,t} + X_{i,t} + \lambda_i + \tau_t + \varepsilon_{i,t} \tag{5-12}$$

其中,VCPrivate 表示风险投资股权性质,参考陈思等(2017)、李善民等(2019)的研究,风险投资股权性质(VCPrivate)以虚拟变量定义,如果上市公司的前十大股东中风险投资为私有企业,则 VCPrivate 取值为 1,否则取值为 0。

表 5-14 的第(3)列汇报了模型(5-11)的回归结果,VCPrivate 的系数显著为正,表明相较于国有背景的风险投资,私有背景的风险投资更能增加被投企业的商业信用融资规模,这验证了本书的预测。第(4)列汇报了模型(5-12)的回归结果,VCPrivate 的系数显著为负,表明相较于国有背景的风险投资,私有背景的风险投资更能缩短被投企业的商业信用融资期限,这验证了本书的预测。

5.6.1.3 风险投资声誉

不同声誉的风险投资,可能对企业的商业信用融资规模产生不同的影响。首先,良好声誉是风险投资重要的无形资产,是由风险投资通过长期大量的成功投资项目积累而来的(叶小杰 等,2013)。因此,相较于低声誉风险投资,高声誉的风险投资有着更加丰富的投资经验和背景知识,从而可以有效支持企业进行技术创新等高风险活动(杨胜刚 等,2017)。刘娥平等(2022)发现,高声誉的风险投资更倾向于促使企业采取风险更高的投资活动。风险投资特别注重对声誉的保护,风险投资为了维护自己的声誉,保证投资项目的成功,对被投企业有着更强的监督管理能力(Chemmanur et al.,2011),更有动机通过参与董事会决策参与企业未来发展战略的制定。因此,高声誉的风险投资对企业开拓新市场、开发新产品等高风险活动有着更高的偏好,更倾向于促使企业采取进攻型战略。根据商业信用融资的替代性融资假说,相较于低声誉风险投资持股的企业,高声誉风险投资持股的企业更倾向于促使企业采取进攻型战略,因而更加难以从银行等正规金融机构获得信贷,对商业信用融资的需求更加迫切。其次,相较于低声誉的风险投资,高声誉的风险投资往往拥有更加广泛的关系网络,因此高声誉风险投资持股的企业,可以获得更加丰富的关系网络资源,这有助于企业与更多的供应商达成合作,从而可以更加有效地降低自身的供应商集中度。根据商业信用的买方市场假说,相较于低声誉风险投资持股的企业,高声誉风险投资持股的企业拥有更多的供应商,供应商的集中程度更低,议价能力更高,可从供应商处获得更多的商业信用。综合上述分析,本书预测,相较于低声誉的风险投资,高声誉的风险投资更能增加被投企业的商业信用融资规模。

不同声誉的风险投资,也可能对企业的商业信用融资期限产生不同的影响。良好声誉是风险投资通过长期大量的成功投资项目积累而来的,一旦企业因为失信违规等行为导致风险投资的声誉受损,长期积累下的声誉将很难在短期内恢复,对风险投资的投资收益造成的损失也更大。因此,相较于低声誉的风险投资,高声誉的风险投资为了维护自身声誉、保证投资收益,有着更强烈的动机参与被投企业的监督治理,对被投企业的经营规范有着更高的要求,也会花更多的时间去监督治理被投企业(Nahata,2008;马宁,2019)。因此,高声誉的风险投资对管理层诚信经营的理念更加重视,更加无法容忍管理层拖欠账款等有损声誉的行为,从而导致企业更加及时地支付应付账款,商业信用融资期限更短。此外,Chemmanur 等(2011)、刘娥平等(2022)发现,相较于低声誉的风险投资,高声誉的风险投资由于积累的成功投资经验更多,有着更强的监督治理能力。康永博等(2019)认为,低声誉的风险投资年轻且缺乏投资经验,弱化了其参与公司治理的能力。因此,高声誉的风险投资在参与企业监督治理的过程中,管理激励机制的设计更加合理,能够更加有效地纠正管理层的短视倾向(赵玮 等,2015)。因此,相较于低声誉的风险投资,高声誉的风险投资能使公司治理更加完善,这也能有效克服管理层故意拖欠应收账款等短视行为,使得商业信用融资期限更短。综合上述分析,本书预测,相较于低声誉的风险投资,高声誉的风险投资更能缩短被投企业的商业信用融资期限。

为了检验该预测,本书构建如下计量模型:

$$\text{TCD}_{i,t+1} = \alpha_0 + \alpha_1 \text{VCReputation}_{i,t} + X_{i,t} + \lambda_i + \tau_t + \varepsilon_{i,t} \quad (5\text{-}13)$$

$$\text{TCDDur}_{i,t+1} = \alpha_0 + \alpha_1 \text{VCReputation}_{i,t} + X_{i,t} + \lambda_i + \tau_t + \varepsilon_{i,t} \quad (5\text{-}14)$$

其中,VCReputation 表示风险投资声誉,参考陈见丽(2012)的研究,风险投资声誉(VCReputation)以虚拟变量定义,如果风险投资在清科集团发布的对应年份的《中国创业投资暨私募股权投资年度排名》前五十名榜单上,则认为该风险投资为高声誉风险投资,VCReputation 取值为 1,否则取值为 0。

表 5-14 的第(5)列给出了模型(5-13)的回归结果,VCReputation 的系数显著为正,表明相较于低声誉的风险投资,高声誉的风险投资更能增加被投企业的商业信用融资规模,这验证了本书的预测。第(6)列汇报了模型(5-14)的回归结果,VCReputation 的系数显著为负,表明相较于低声誉的风险投资,高声誉的风险投资更能缩短被投企业的商业信用融资期限,这验证了本书的预测。

5.6.2 基于企业视角的异质性分析

企业的异质性特征可能会影响其商业信用融资决策,为了进一步考察风险投资在不同异质性特征的企业中如何影响企业的商业信用融资规模和商业信用融资期限,下面从企业类型和社会信任水平两个方面进行企业异质性分析。

5.6.2.1 企业类型

高新技术企业以技术创新为主要驱动力,技术密集度高,技术创新水平直接决定着自身的存亡(朱永明 等,2017;李西良 等,2020)。与非高新技术企业相比,高新技术企业的特点在于采取的企业战略更符合进攻型战略的特点,其生存和发展主要依赖于高新技术的研发和新市场的开拓,因而需要大量的资金投入。风险投资热衷于帮助被投企业开发新产品、开拓新市场,因而进入战略型新兴企业后,更容易发挥自身的优势。风险投资可以利用自身长期投资过程中积累的专业背景知识,为企业提供高新技术研发的前沿信息,帮助企业把握未来的发展方向,制定和完善进攻型发展战略,因而对商业信用融资的需求更大。综合上述分析,本书预测,相较于非高新技术企业,风险投资进入高新技术企业更能增加被投企业的商业信用融资规模。

参考孙鲲鹏等(2021)的研究,并参考国家统计局《高技术产业(制造业)分类(2017)》《高技术产业(服务业)分类(2018)》,本书将样本分为高新技术企业和非高新技术企业两个子样本。

表5-15的第(1)列至第(3)列中,被解释变量为TCD,根据回归结果可以发现,风险投资在非高新技术企业中,对商业信用融资规模无显著影响,在高新技术企业中,风险投资可以增加被投企业的商业信用融资规模;交互项回归结果表明,相较于非高新技术企业,风险投资进入高新技术企业更能增加被投企业的商业信用融资规模。

表5-15 基于企业视角的异质性分析

变量	(1) 非高新技术企业	(2) 高新技术企业	(3) 全样本	(4) 社会信任水平高	(5) 社会信任水平低	(6) 全样本
	TCD	TCD	TCD	TCDDur	TCDDur	TCDDur
VC	0.258	1.014***	0.330*	−0.045	−0.216***	−0.065
	(1.450)	(3.740)	(1.800)	(−0.720)	(−2.940)	(−1.170)
VCHT			0.575*			
			(1.710)			
HT			1.399***			
			(2.620)			

表 5-15（续）

变量	(1) 非高新 技术企业 TCD	(2) 高新 技术企业 TCD	(3) 全样本 TCD	(4) 社会信任 水平高 TCDDur	(5) 社会信任 水平低 TCDDur	(6) 全样本 TCDDur
VCTrust						−0.159**
						(−2.110)
Trust						−0.006
						(−0.130)
Control	Yes	Yes	Yes	Yes	Yes	Yes
Year FE	Yes	Yes	Yes	Yes	Yes	Yes
Firm FE	Yes	Yes	Yes	Yes	Yes	Yes
N	17 377	6 066	23 443	5 766	5 303	11 069
Adj. R^2	0.067	0.088	0.077	0.057	0.059	0.054

注：***、**、* 分别对应 1%、5%、10% 显著性水平。

5.6.2.2 社会信任

良好的外部制度环境能够对企业的管理层发挥一定的监督作用,社会信任作为一种非正式的外部制度,企业所处地区的社会信任水平越高,该企业的外部治理水平也越高,企业更加注重诚信经营(黄宏斌,2012;李明辉,2019)。Gupta 等(2018)发现,社会信任的提高可以有效降低企业管理层的失信违规行为。姜英兵等(2021)发现,社会信任水平越高的地区,企业的管理层所受到的约束越大,失信违规等短视的行为决策更容易受到抑制。社会信任水平越低的地区,外部制度环境相对较差,市场违约惩罚机制尚不完善,企业更有可能出现拖欠应付账款的失信违约行为。良好的外部治理环境,使得风险投资的监督治理作用在一定程度上被替代,所以相较于社会信任水平较高的地区,风险投资进入社会信任水平较低的地区的企业,更能发挥自身的监督治理作用,帮助企业完善公司治理,提高诚信水平,降低失信违约行为,从而使得企业及时支付应付款项,缩短商业信用融资周期。基于上述分析,本书预测,相较于处于社会信任水平较高的地区的企业,风险投资在处于社会信任水平较低的地区的企业更能缩短被投企业的商业信用融资期限。

参考王艳等(2017)、李明辉(2019)、王佳晨等(2021)的研究,以中国综合社会调查(CGSS)中针对有关社会信任的问题"总的来说您是否同意在这个社会上绝大多数人都是可以信任的?"的回答作为衡量地区社会信任的标准,回答为非常不同意赋值为0,回答比较不同意赋值为1,回答无所谓或说不上同意或不同意赋值为2,回答比较同意赋值为3,回答完全同意赋值为4,并计算各地区的均值作为社会信任水平(Trust)。依据该指数的中位数,可以将样本划分为低社会信任水平和高社会信任水平两个子样本。

表5-15的第(4)列至第(6)列中,被解释变量为TCDDur,根据回归结果可以发现,在社会信任水平高的地区的企业中,风险投资对商业信用融资期限无显著影响,在社会信任水平低的地区的企业中,风险投资可以缩短企业的商业信用融资期限,交互项回归的结果也表明,相较于非高新技术企业,风险投资进入社会信任水平低的地区的企业更能缩短被投企业的商业信用融资期限。

5.7 拓展性分析

5.7.1 风险投资对企业供应链融资的影响:资金占用还是资金支持?

第4章的研究发现,风险投资会增加企业的商业信用供给规模,即风险投资会促使企业向客户提供更多的商业信用,而本章的研究发现,风险投资会增加企业的商业信用融资规模,即风险投资会促使企业从供应商处获得更多的商业信用,那么在供应商—企业—客户的三元供应链关系中,风险投资会促使中间企业在供应链融资的过程中表现出资金占用还是资金支持?为了研究上述问题,我们构建了如下计量模型:

$$\text{NetTC}_{i,t+1} = \alpha_0 + \alpha_1 \text{VC}_{i,t} + X_{i,t} + \lambda_i + \tau_t + \varepsilon_{i,t} \quad (5\text{-}15)$$

其中,NetTC表示商业信用净额,以企业的商业信用供给规模与商业信用融资规模之差表示,即(应收账款+应收票据-应付账款-应付票据),并以年末总资产对其标准化。

表5-16的第(1)列和第(2)列给出了模型(5-15)的回归结果。解释变量VC的系数始终显著为正,表明风险投资可以显著增加商业信用净额。这意味着在供应商—企业—客户的三元供应链关系中,风险投资会促使中间企

业在供应链融资的过程中更多地表现出资金支持。

表 5-16 拓展性分析

变量	(1) NetTC	(2) NetTC	(3) TCS	(4) TCS
VC	0.594***	0.572***	0.548***	0.504***
	(2.940)	(2.850)	(3.110)	(2.880)
TCD			0.221***	0.219***
			(12.170)	(12.150)
Control	Yes	Yes	Yes	Yes
Year FE	No	Yes	No	Yes
Firm FE	Yes	Yes	Yes	Yes
N	22 391	22 391	22 958	22 958
Adj. R^2	0.049	0.078	0.057	0.095

注：***、**、*分别对应1％、5％、10％显著性水平。

5.7.2 获得商业信用融资越多,向外提供的商业信用越多吗?

既然在供应商—企业—客户的三元供应链关系中,风险投资不仅会增加企业的商业信用供给规模,也会增加企业的商业信用融资规模,那么随着企业获得的商业信用融资逐渐增多,是否也会向外提供更多的商业信用? 为了研究上述问题,我们构建了如下计量模型：

$$\mathrm{TCS}_{i,t+1} = \alpha_0 + \alpha_1 \mathrm{VC}_{i,t} + \alpha_2 \mathrm{TCD}_{i,t} + X_{i,t} + \lambda_i + \tau_t + \varepsilon_{i,t} \quad (5\text{-}16)$$

其中,被解释变量为商业信用供给规模TCS,解释变量为风险投资VC和商业信用融资规模TCD。表5-16的第(3)列和第(4)列汇报了模型(5-16)的回归结果。TCD的系数显著为正,表明随着企业获得的商业信用融资逐渐增多,也会向外提供更多的商业信用。

5.8 本章小结

本章主要研究风险投资对被投企业商业信用融资规模及其期限的影响,在理论分析的基础上,选取2005—2019年沪深A股上市公司数据,实证检验了风险投资对于商业信用融资规模及其期限的影响以及机制,并从风险投资和企业两个视角进行异质性分析。具体研究结论有以下四点。

(1) 风险投资可以增加被投企业的商业信用融资规模,缩短被投企业的商业信用融资期限,即风险投资可以改善供应商—企业之间的商业信用。通过倾向得分匹配、工具变量、GMM 动态面板回归、联立方程估计、排除金融危机样本、更换被解释变量等一系列检验,证明了该结论具有稳健性。

(2) 机制检验的结果表明,促进企业实施进攻型战略和降低供应商集中度是风险投资增加被投企业商业信用融资规模的重要作用渠道。提高企业诚信水平是风险投资缩短被投企业商业信用融资期限的重要作用渠道。

(3) 异质性分析的结果表明,当风险投资具有联合持股、私有性质以及高声誉等特征时,对商业信用融资规模的正向作用更为显著,对商业信用融资期限的负向作用更为显著;当企业为高新技术企业时,风险投资对被投企业商业信用融资规模的正向作用更为显著,当企业处于社会信任水平较低的地区时,风险投资对被投企业商业信用融资期限的缩短作用更为显著。

(4) 拓展性分析的结果表明,风险投资对企业商业信用净额具有正向作用。虽然在供应商—企业—客户的三元供应链关系中,风险投资会促使企业从供应商处获得更多的商业信用融资,也会促使企业向客户提供更多的商业信用,但是风险投资对企业商业信用净额具有正向作用,意味着风险投资会促使中间企业在供应链融资的过程中更多地表现出资金支持。此外,从供应商处获得更多的商业信用,也会促使企业向客户提供更多的商业信用。

第 6 章
风险投资与供应链协同创新
——商业信用的中介作用

第6章 风险投资与供应链协同创新——商业信用的中介作用

6.1 引言

第4章和第5章分别从供给方与需求方的视角,分析了风险投资对被投企业商业信用的影响。结果发现,在供给方面,风险投资投资不仅可以促使企业向客户提供更多的商业信用,增加商业信用供给规模,还能促使客户及时偿还账款,缩短商业信用供给期限,这意味着风险投资可以改善企业—客户之间的商业信用;在需求方面,风险投资不仅可以促使供应商向企业提供更多的商业信用,增加商业信用融资规模,还能促使企业及时偿还账款,缩短商业信用融资期限,这意味着风险投资可以改善供应商—企业之间的商业信用。上述的结果表明,风险投资不仅可以扩大商业信用规模,还能缩短商业信用期限,进而改善供应链上下游企业之间的商业信用,促使供需双方形成良性循环。

当前中国经济正处于转型升级的关键时期,必须坚持创新驱动发展战略。在实施创新驱动发展战略的过程中,我国政府不但重视提升企业的自主创新能力,供应链协同创新也受到越来越多的关注,已经成为经济转型升级的重要动力源泉。在推动供应链协同创新的过程中,以应收应付款项为代表的商业信用作为供应链内部企业之间资金流通的主要形式,不仅反映了供应链内部各个企业之间的业务关联与依赖,更是供应链内部企业之间资金配置效率的镜像,是上下游企业技术创新重要的资金来源。因此,扩大上下游企业之间的商业信用规模,为企业的技术创新提供更多的资金支持,同时促使企业及时偿还账款,确保供应链上的资金流通顺畅,对于推动供应链协同创新至关重要。然而,商业信用在供应链上下游流通的过程中,仍然存在痛点:一方面,下游企业故意拖欠账款,占用上游企业的流动性资金;另一方面,为了避免财务风险,上游企业又会不断减少商业信用的供给,从而形成恶性循环,降低了供应链之间的资金流动性,形成流通阻滞(宋华 等,2017),阻碍了供应链上下游企业之间的协同创新。

既然上述研究已经发现,风险投资不仅可以扩大商业信用规模,还能缩短商业信用期限,实现供应链上下游企业之间的商业信用的良性循环,那么风险投资能否通过改善商业信用来促进供应链协同创新呢?现有的文献尚未解答,本章将尝试回答上述问题。

Malone 等(1994)指出,供应链中的上下游企业通过适当的协同合作,有助于保持决策的一致性,从而促进彼此的技术创新,最终提高供应链整体的技术创新水平。陆克斌等(2012)指出,共享资源和信息,是促进供应链企业之间协同创新的基础。既有文献主要从供应链中的信息流——即信息共享的视角研究了供应链协同创新,指出供应商与企业之间信息共享,不仅可以促进供应商的技术创新,也可以促进企业的技术创新,从而产生"1+1>2"的协同效应,实现二者之间的协同创新;同理,企业与客户之间信息共享,亦可促进二者之间的协同创新(吉利 等,2019;商燕劼 等,2021)。

本章在研究过程中从共享资源的视角出发,以供应链中的资金流——商业信用为切入点,主要研究风险投资能否通过改善商业信用而促进供应链协同创新。具体而言,从供应商—企业的视角来看,如果风险投资不仅可以促使供应商提供更多的商业信用,增加商业信用融资规模,促进企业的技术创新,而且可以促使企业及时偿还账款,缩短商业信用融资期限,促进供应商技术创新,最终提高彼此的技术创新水平,那么说明风险投资可以通过改善供应商—企业之间的商业信用进而促进二者之间的协同创新。从企业—客户的视角来看,如果风险投资不仅可以促使企业提供更多的商业信用,增加商业信用供给规模,促进客户的技术创新,而且可以促使客户及时偿还账款,缩短商业信用供给期限,促进企业的技术创新,最终提高彼此的技术创新水平,那么说明风险投资可以通过改善企业—客户之间的商业信用进而促进二者的协同创新。从供应链整体视角来看,如果风险投资不仅可以促进供应商—企业之间的协同创新,还可以促进企业—客户之间的协同创新,最终提高供应链整体的技术创新水平,那么说明风险投资通过改善商业信用促进了供应链协同创新。

6.2 理论分析与研究假说

结合第 4 章和第 5 章的内容发现,风险投资可以有效改善商业信用在供应链的流通,缓解商业信用的阻滞问题,那么风险投资能否通过改善商业信用进而促进供应链协同创新?下面进行理论分析。

第6章 风险投资与供应链协同创新——商业信用的中介作用

6.2.1 风险投资与供应商—企业之间的协同创新

企业技术创新活动周期长,需要大量而持续的资金投入,而内源性融资所能提供的资金有限,难以满足其资金需求,因此,外部融资可以有效地弥补企业的资金缺口(Czarnitzki et al.,2011;王刚刚 等,2017)。然而,企业的技术创新活动面临创新失败(Hottenrott et al.,2012;张璇 等,2017)、难以商品化(鞠晓生 等,2013)等风险,并且企业的技术创新成果具有较强的正外部性和准公共产品属性,使得企业在为创新活动进行外部性融资时,不会披露详细的研发细节(余明桂 等,2019),与外部投资者之间产生严重的信息不对称。因此,银行等外部投资者不愿投资企业的技术创新活动,企业因难以获得必需的外部投资而出现融资约束,阻碍企业的技术创新。

虽然信息不对称程度较高的企业难以从银行等正规金融机构获得足够的信贷,但是相较于银行等正规金融机构,供应商往往具有信息获取、客户控制以及财产挽回等比较优势(方红星 等,2019),因此企业仍然可以从供应商处获得商业信用。获得商业信用的企业,可以延期支付货款,并且往往不需要支付利息,这能有效降低企业研发的资金压力,因此商业信用已成为企业技术创新和研发投资的重要融资来源,可以有效促进企业的技术创新(姚星 等,2019;刘春林 等,2021)。

作为商业信用的债权人,供应商通过牺牲自己的流动性,以赊销的方式向企业提供商业信用,会使自身面临一定的经营风险和财务风险,因为这些资金能否及时收回直接关系到供应商现金流的高效、安全运转(汇伟 等,2021)。技术创新活动离不开资金,供应商保持良好的资金流动性,代表供应商在一定时期内拥有充足的可支配资金用于技术创新,因此良好的资金流动性可以促进技术创新(陆菁 等,2015;段军山 等,2021)。如果企业不及时偿还账款,致使供应商的现金流断裂,不仅会使供应商产生财务风险,抑制供应商的技术创新活动,同时还会导致供应商减少向企业提供商业信用。商业信用融资的减少,企业有动机通过故意拖欠账款来减轻自己的现金流压力,如此下去,便形成恶性循环,最终导致商业信用在供应商——企业之间流通时形成阻滞,不利于二者之间的协同创新。

第5章的相关研究发现,风险投资不仅可以促使供应商向企业提供更多的商业信用,增加商业信用融资规模,还能促使企业及时偿还账款,缩短商业信用融资期限,即风险投资可以改善供应商—企业之间的商业信用。

综合上述分析可知,一方面,风险投资可以促使供应商提供更多的商业信用,增加商业信用融资规模,促进企业的技术创新;另一方面,风险投资可以促使企业及时偿还账款,缩短商业信用融资期限,促进供应商的技术创新。从而,风险投资可以通过改善商业信用提高供应商与企业彼此之间的技术创新水平,即风险投资可以促进供应商—企业之间的协同创新。基于以上分析,提出以下两个假说。

假说 H1:风险投资可以促进被投企业技术创新。

假说 H2:风险投资可以促进被投企业的供应商的技术创新。

6.2.2 风险投资与企业—客户之间的协同创新

既然商业信用已成为技术创新的重要资金来源,可以有效促进技术创新(姚星 等,2019;刘春林 等,2021),那么企业向客户提供商业信用,亦可以缓解客户在研发过程中面临的融资约束问题,从而促进客户技术创新。企业向客户通过牺牲自己的现金流动性,以赊销的方式向企业提供商业信用的时候,同样面临能否及时收回的风险。尤其是当客户的议价能力较强时,为了保证自身的流动性,确保自己拥有充足的现金流用于日常发展,客户会通过拖欠应付账款以及延长账期等方式侵占企业的流动性(于博 等,2019)。企业保持良好的流动性可以有效促进技术创新,但是当客户不及时偿还账款,致使企业的现金流断裂,不仅会使企业产生财务风险,抑制企业的技术创新活动,同时还会导致企业减少向企业提供商业信用。企业提供的商业信用减少,客户同样有动机通过故意拖欠账款来减轻自己的现金流压力,如此下去,便形成恶性循环,最终导致商业信用在企业—企业客户之间流通时形成阻滞,不利于二者之间的协同创新。

第4章的研究中发现,风险投资不仅可以促使企业向客户提供更多的商业信用,增加商业信用供给规模,还能促使客户及时偿还账款,缩短企业的商业信用供给期限,即风险投资可以改善企业—客户之间的商业信用。

综合上述分析可知,一方面,风险投资可以促使企业提供更多的商业信用,增加商业信用供给规模,促进客户的技术创新;另一方面,风险投资可促使客户及时偿还账款,缩短企业的商业信用供给期限,促进企业的技术创新。从而,风险投资可以通过改善商业信用提高企业与客户彼此之间的技术创新水平,即风险投资可以促进企业—客户之间的协同创新。

基于以上分析,由于风险投资可以促进企业技术创新的相关假说已经在假说 H1 中提出,因此本书提出下面另一个假说。

假说 H3:风险投资可以促进被投企业的客户的技术创新。

6.2.3 风险投资与供应链整体创新水平

上述研究表明,从供应商—企业的视角来看,风险投资可以促进二者的协同创新,在促进供应商技术创新的同时也能促进企业的技术创新,从企业—客户的视角来看,风险投资可以促进二者的协同创新,在促进客户技术创新的同时也能促进企业的技术创新。既然如此,那么不难推断,在供应商—企业—客户的三元供应链关系中,风险投资可以提高供应链整体的技术创新水平。基于以上分析,提出以下假说。

假说 H4:风险投资可以促进企业所在供应链的整体技术创新。

根据上述的理论分析,本章的逻辑结构见图 6-1。

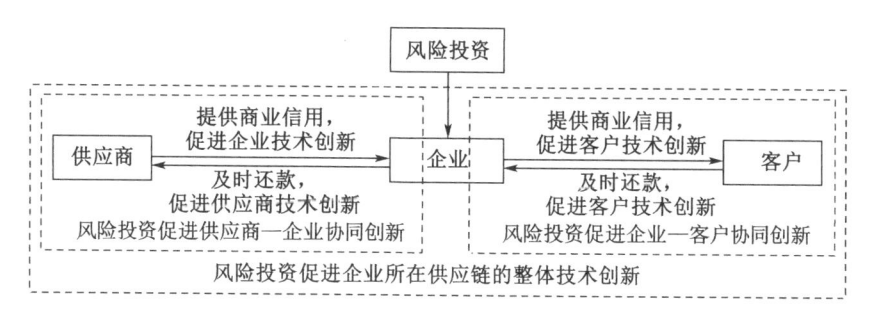

图 6-1 逻辑结构图

6.3 研究设计

6.3.1 样本选择与数据来源

本章选择 2005—2019 年沪深 A 股上市公司为研究样本,并对所选样本进行以下步骤的筛选:① 剔除样本中 ST、*ST 等非正常上市公司;② 剔除金融类上市公司;③ 若公司相关数据在样本期间内缺失,则通过查询相关公司的年报等对缺失值进行补充,如果查询不到相关数据,则剔除相关观测值。为了消除极端值可能产生的影响,对所有连续变量在 1% 以及 99% 的分位数上采取了 Winsorize 处理。本章涉及的数据主要来自 CSMAR 数据库、CVSource 数据库、CNRDS 数据库以及中国专利数据库。

本章采用发明专利申请来衡量创新水平。上市公司的专利的数据主要来 CNRDS 数据库。上市公司在披露其客户以及供应商的信息时,披露的信息相对较少,并未披露供应商和客户的专利申请信息,而且客户与供应商多为非上市公司,不会主动披露自身专利申请的相关信息,因而现有的数据库难以满足供应链协同创新研究方面的需求,这也是供应链协同创新研究方面相关实证文献较少的一个重要原因。

本章利用 R 语言编写计算机程序,将样本内上市公司的客户、供应商与国家知识产权局发布的中国专利数据库中的相关信息进行匹配。具体而言,利用莱文斯坦距离的算法设计模糊匹配程序,计算客户、供应商名字和专利申请人名字的相似程度得分。在匹配前,先将客户、供应商的名字和专利申请人的名字进行必要的标准化处理,即去掉名字中"公司""厂""股份""有限""集团""院"等,保留可以唯一识别客户、供应商或专利申请人的"名字主干"。通过多次尝试性匹配,最终将名字相似程度得分的阈值设定为 0.85。如果名字相似程度高于 0.85,则认为客户或供应商的名字与专利申请人的名字相似度较高,否则认为客户或供应商的名字与专利申请人的名字相似度较低。模糊匹配完成之后,对相似度较高的匹配结果进行手工检阅,剔除被计算机程序误判的匹配结果,仅保留真实匹配的专利数据。通过将上市公司的客户、供应商与国家知识产权局发布的中国专利数据库中的相关信息进行匹配,获得了供应商和客户专利申请方面的数据。

6.3.2 变量说明

6.3.2.1 被解释变量

企业技术创新水平(PT)。本书参考陈思等(2017)的研究,以企业发明专利的申请数量衡量企业的技术创新水平,并在加 1 之后取自然对数。

供应商技术创新水平(SPT)。由于上市公司仅披露了前五大供应商的部分信息,因此本书以前五大供应商发明专利的申请数量之和衡量供应商的技术创新水平,并在加 1 之后取自然对数。

客户技术创新水平(CPT)。由于上市公司仅披露了前五大客户的部分信息,因此本书以前五大客户发明专利的申请数量之和衡量客户的技术创新水平,并在加 1 之后取自然对数。

供应链总体技术创新水平(SCPT)。以上市公司的前五大客户、前五大供应商以及上市公司自身发明专利的申请数量之和衡量供应链总体技术创新水平,并在加 1 之后取自然对数。

6.3.2.2 解释变量

风险投资(VC)。风险投资机构的识别方法与第 4 章一致。在定义方面,参考吴超鹏等(2012)、陈思等(2017)的研究,如果上市公司的前十大股东中有风险投资,则该公司存在风险投资背景,虚拟变量 VC 取值为 1,否则取值为 0。

6.3.2.3 控制变量

本书参考吴超鹏等(2012)、陈胜蓝等(2018)的研究,选择的控制变量包括:股权集中度(Top1)、企业规模(Size)、成长能力(Groth)、现金流量比率(Cash)、盈利能力(ROA)、财务杠杆(Level)、企业年龄(Age)、固定资产占比(PPE)、存货占比(Invent)、财务费用率(FER)以及毛利率(GPM)等。其中,股权集中度以企业第一大股东持股比例表示;企业规模以企业年末总资产的自然对数表示;成长能力以营业总收入年增长率表示;现金流量比率以企业经营性活动产生现金净流量除以营业总收入表示;盈利能力以净利润除以年末总资产表示;财务杠杆以年末总负债除以年末总资产表示;企业年龄以当期年份与企业成立年份之差表示；固定资产占比以固定资产除以年末总资产表示；存货占比以存货除以年末总资产表示；财务费用率以财务费用除以年末总资产表示；毛利率以营业总收入与营业总成本之差除以营业总收入表示。

本章变量的定义方式如表 6-1 所示。

表 6-1 变量定义表

变量名称	变量符号	变量定义
企业技术创新水平	PT	ln(企业发明专利申请数量+1)
供应商技术创新水平	SPT	ln(前五大供应商发明专利申请数量+1)
客户技术创新水平	CPT	ln(前五大客户发明专利申请数量+1)
供应链总体技术创新水平	SCPT	ln(供应链上下游企业总体发明专利申请数量+1)
风险投资	VC	公司存在风险投资背景,取值为1,否则取值为0
股权集中度	Top1	第一大股东持股比例
企业规模	Size	年末总资产的自然对数
成长能力	Groth	营业总收入年增长率
现金流量比率	Cash	经营性活动产生现金净流量/营业总收入
盈利能力	ROA	净利润/年末总资产
财务杠杆	Level	总负债/年末总资产
企业年龄	Age	当期年份—成立年份
固定资产占比	PPE	固定资产/年末总资产
存货占比	Invent	存货/年末总资产
财务费用率	FER	财务费用/年末总资产
毛利率	GPM	(营业总收入—营业总成本)/营业总收入

6.3.3 模型设定

为了检验风险投资对供应链协同创新的影响,构建如下计量模型:

$$\text{PT}_{i,t+1} = \alpha_0 + \alpha_1 \text{VC}_{i,t} + X_{i,t} + \lambda_i + \tau_t + \varepsilon_{i,t} \tag{6-1}$$

$$\text{SPT}_{i,t+1} = \alpha_0 + \alpha_1 \text{VC}_{i,t} + X_{i,t} + \lambda_i + \tau_t + \varepsilon_{i,t} \tag{6-2}$$

$$\text{CPT}_{i,t+1} = \alpha_0 + \alpha_1 \text{VC}_{i,t} + X_{i,t} + \lambda_i + \tau_t + \varepsilon_{i,t} \tag{6-3}$$

$$\text{SCPT}_{i,t+1} = \alpha_0 + \alpha_1 \text{VC}_{i,t} + X_{i,t} + \lambda_i + \tau_t + \varepsilon_{i,t} \tag{6-4}$$

▶ 第6章 风险投资与供应链协同创新——商业信用的中介作用

其中，$PT_{i,t+1}$表示企业i第$t+1$年的技术创新，$SPT_{i,t+1}$表示企业i的供应商第$t+1$年的技术创新，$CPT_{i,t+1}$表示企业i的客户第$t+1$年的技术创新，$SCPT_{i,t+1}$表示企业i所在的供应链第$t+1$年的技术创新，$VC_{i,t}$表示企业i第t年是否有风险投资背景，$X_{i,t}$为控制变量，λ_i为企业个体固定效应，τ_t为时间固定效应，$\varepsilon_{i,t}$为随机扰动项。

在模型(6-1)至模型(6-4)中，如果VC的系数α_1显著为正，表明风险投资会促进被投企业的技术创新、供应商的技术创新、客户的技术创新以及供应链的整体技术创新，那么假说H1、假说H2、假说H3和假说H4得到验证。

6.3.4 描述性统计与相关性分析

表6-2给出了本章所涉及的主要变量的描述性统计。企业技术创新水平(PT)的平均值为0.957，表明样本内企业技术创新的平均水平为0.957，供应商技术创新水平(SPT)的平均值为0.021，表明样本内供应商技术创新的平均水平为0.021，客户技术创新水平(CPT)的平均值为0.127，表明样本内客户技术创新的平均水平为0.127，供应链总体技术创新水平(SCPT)的平均值为1.058，表明样本内供应链总体技术创新的平均水平为1.058。从平均值来看，在供应商—企业—客户的三元供应链关系中，供应商技术创新的平均水平最低，企业技术创新的平均水平最高，客户技术创新的平均水平介于二者之间。风险投资(VC)的平均值为0.244，表明样本内有24.4%的观测值有风险投资背景。

表6-2 主要变量的描述性统计

变量名称	观测值	平均值	中位数	最小值	最大值	标准差
PT	27 401	0.957	0.000	0.000	5.146	1.382
SPT	28 162	0.021	0.000	0.000	1.403	0.161
CPT	29 820	0.127	0.000	0.000	3.689	0.550
SCPT	26 756	1.058	0.053	0.000	5.465	1.451
VC	29 820	0.244	0.000	0.000	1.000	0.430
Size	29 820	22.024	21.847	19.604	26.094	1.287
Top1	29 820	35.399	33.355	8.800	74.960	15.082

表 6-2（续）

变量名称	观测值	平均值	中位数	最小值	最大值	标准差
Level	29 820	44.803	44.876	5.585	90.811	20.695
Cash	29 820	7.899	7.642	−127.724	82.201	23.243
ROA	29 820	3.569	3.475	−27.69	19.024	6.013
Groth	29 820	0.194	0.120	−0.607	2.918	0.449
Age	29 820	15.535	15.000	4.000	30.000	5.657
PPE	29 820	23.526	20.053	0.201	72.960	17.283
Invent	29 820	15.643	11.945	0.002	73.070	14.569
FER	29 820	0.802	0.665	−1.669	4.194	1.138
GPM	29 820	4.510	5.285	−117.547	45.425	19.386

表 6-3 给出了本章所涉及的主要变量的相关性分析结果。风险投资（VC）与被投企业技术创新水平（PT）的相关系数为 0.042，且在 1% 的置信水平下显著，表明风险投资（VC）与被投企业技术创新水平（PT）显著正相关，这初步验证了假说 H1。风险投资（VC）与供应商技术创新水平（SPT）的相关系数为 0.032，且在 1% 的置信水平下显著，表明风险投资（VC）与供应商技术创新水平（SPT）显著正相关，这初步验证了假说 H2。风险投资（VC）与客户技术创新水平（CPT）的相关系数为 0.019，且在 1% 的置信水平下显著，表明风险投资（VC）与客户技术创新水平（CPT）显著正相关，这初步验证了假说 H3。风险投资（VC）与供应链整体技术创新水平（SCPT）的相关系数为 0.045，且在 1% 的置信水平下显著，表明风险投资（VC）与供应链整体技术创新水平（SCPT）显著正相关，这初步验证了假说 H4。

表 6-3 主要变量的相关性分析

变量	PT	SPT	CPT	SCPT	VC	Size	Top1	Level
PT	1							
SPT	0.020***	1						
CPT	0.048***	0.137***	1					
SCPT	0.939***	0.180***	0.320***	1				
VC	0.042***	0.032***	0.019***	0.045***	1			
Size	0.085***	0.001	0.010*	0.089***	0	1		

表 6-3（续）

变量	PT	SPT	CPT	SCPT	VC	Size	Top1	Level
Top1	0.014**	−0.008	−0.009	0.011*	−0.090***	0.208***	1	
Level	−0.035***	−0.008	−0.017***	−0.036***	−0.070***	0.430***	0.057***	1
Cash	−0.007	−0.005	0.011*	−0.006	−0.027***	0.045***	0.055***	−0.130***
ROA	0.099***	−0.014**	−0.008	0.085***	0.012*	0.042***	0.122***	−0.372***
Groth	0.019***	0.003	0.003	0.020***	0.060***	0.066***	0.022***	0.040***
Age	−0.171***	0.023***	−0.003	−0.154***	0.011*	0.207***	−0.148***	0.112***
PPE	−0.042***	0.003	0.009	−0.039***	−0.077***	0.050***	0.090***	0.082***
Invent	−0.037***	−0.020***	−0.056***	−0.048***	−0.046***	0.082***	0.053***	0.309***
FER	−0.056***	−0.006	0.002	−0.053***	−0.066***	0.164***	−0.043***	0.627***
GPM	0.063***	−0.012**	0.004	0.056***	0.022***	0.111***	0.146***	−0.256***

变量	Cash	ROA	Groth	Age	PPE	Invent	FER	GPM
Cash	1							
ROA	0.225***	1						
Groth	0.025***	0.209***	1					
Age	−0.031***	−0.060***	−0.029***	1				
PPE	0.232***	−0.098***	−0.079***	−0.089***	1			
Invent	−0.254***	−0.068***	0.030***	0.049***	−0.343***	1		
FER	−0.014**	−0.379***	−0.040***	0.034***	0.367***	0.046***	1	
GPM	0.325***	0.725***	0.219***	−0.083***	−0.032***	−0.024***	−0.308***	1

注：***、**、*分别对应1%、5%、10%显著性水平。

6.4 实证结果及分析

6.4.1 风险投资对供应链协同创新的影响

首先采用 F 检验和 Hausman 检验来判断模型(6-1)、模型(6-2)、模型(6-3)以及模型(6-4)是否具备最佳适应性。检验结果表明，设定的固定效应模型适用性最佳。

表 6-4 给出了模型(6-1)至模型(6-4)的回归结果。第(1)列为模型(6-1)的回归结果，其中被解释变量 VC 的系数显著为正，表明风险投资可以促进

被投企业技术创新,假说 H1 得到验证。第(2)列为模型(6-2)的回归结果,其中被解释变量 VC 的系数显著为正,表明风险投资可以促进供应商技术创新,假说 H2 得到验证。第(3)列为模型(6-3)的回归结果,其中被解释变量 VC 的系数显著为正,表明风险投资可以促进客户技术创新,假说 H3 得到验证。第(4)列为模型(6-4)的回归结果,其中被解释变量 VC 的系数显著为正,表明风险投资可以促进供应链整体技术创新,假说 H4 得到验证。

表6-4 风险投资与供应链协同创新

变量	(1) PT	(2) SPT	(3) CPT	(4) SCPT
VC	0.078***	0.013***	0.031***	0.105***
	(3.040)	(2.710)	(2.800)	(3.380)
Size	0.091***	−0.003	−0.021**	0.076***
	(5.110)	(−1.120)	(−2.250)	(3.770)
Top1	0.002	0.000	0.001**	0.003*
	(1.560)	(0.570)	(2.280)	(1.840)
Level	−0.001	−0.000	−0.000	−0.002**
	(−1.220)	(−0.310)	(−0.610)	(−1.990)
Cash	0.000	−0.000*	−0.000	−0.000
	(0.210)	(−1.980)	(−0.270)	(−0.830)
ROA	0.004**	−0.000	−0.001	0.001
	(2.160)	(−0.280)	(−1.280)	(0.650)
Groth	0.022*	0.003**	−0.001	0.028*
	(1.690)	(2.360)	(−0.160)	(1.920)
Age	0.018	0.003	−0.008	−0.001
	(0.480)	(1.170)	(−0.760)	(−0.030)
PPE	−0.001	0.000**	0.000	−0.000
	(−0.730)	(2.060)	(0.190)	(−0.390)
Invent	−0.004***	−0.000**	−0.001***	−0.005***
	(−3.820)	(−2.290)	(−2.770)	(−4.180)
FER	−0.002	−0.001	0.006	−0.001
	(−0.210)	(−0.550)	(0.950)	(−0.090)

表 6-4（续）

变量	(1)	(2)	(3)	(4)
	PT	SPT	CPT	SCPT
GPM	0.000	−0.000	0.001**	0.001
	(0.190)	(−0.960)	(2.400)	(0.880)
Constant	−0.669	0.054	0.731***	0.155
	(−0.890)	(0.660)	(2.650)	(0.190)
Year FE	Yes	Yes	Yes	Yes
Firm FE	Yes	Yes	Yes	Yes
N	27 401	28 162	29 820	26 756
Adj. R^2	0.426	0.009	0.016	0.381

注：1. ***、**、* 分别对应 1%、5%、10% 显著性水平。
2. 标准误在企业层面进行了聚类处理；下同。

6.4.2 内生性检验

在内生性检验中，结合本章的研究内容，本章主要利用倾向得分匹配法克服由于选择性偏误可能导致的内生性问题、利用工具变量克服由于反向因果可能导致的内生性问题。

6.4.2.1 倾向得分匹配

不同企业的运营发展情况存在较大差异，为了使有风险投资背景与没有风险投资背景的企业在各方面特征上尽可能相似，以具有可比性，避免选择性偏误导致的内生性问题，本书将通过倾向得分匹配法（PSM）对上述研究的实证结果进行稳健性检验。

首先，按照企业是否具有风险投资背景将样本内的企业分为两组，将有风险投资的企业定义为实验组，将没有风险投资背景的企业定义为控制组；然后，利用 Logit 模型计算倾向得分；最后，采用一对一最近邻匹配的方法对实验组与控制组进行匹配。

受限于篇幅，附录中的表 9 和表 10 分别给出了基于被解释变量 PT 进行最近邻匹配和核匹配后匹配变量均衡性的检验结果，各个变量在匹配后偏差比例最大值为 2.8%，远低于 Rosenbaum 等（1983）所设定的偏差比例的上限值20%,这表明最近邻匹配和核匹配中各个变量的匹配效果较好。附录中的表11和表12分别给出了基于被解释变量SPT进行最近邻匹配和核匹配后匹配变量均衡性的检验结果,各个变量在匹配后偏差比例最大值为3.8%,这表明最近邻匹配和核匹配中各个变量的匹配效果较好。附录中的表13和表14分别给出了基于被解释变量CPT进行最近邻匹配和核匹配后匹配变量均衡性的检验结果,各个变量在匹配后偏差比例最大值为2.3%,这表明最近邻匹配和核匹配中各个变量的匹配效果较好。附录中的表15和表16分别给出了基于被解释变量SCPT进行最近邻匹配和核匹配后匹配变量均衡性的检验结果,各个变量在匹配后偏差比例最大值为4%,这表明最近邻匹配和核匹配中各个变量的匹配效果较好。

表6-5给出了风险投资对被投企业技术创新、供应商技术创新、客户技术创新以及供应链整体技术创新的平均处理效应ATT的估计值。Panel A为最近邻匹配法的结果,ATT的估计值分别为0.155、0.007、0.012、0.167,且在且在1%或5%或10%的置信水平下显著。Panel B为核匹配法的结果,ATT的估计值分别为0.123、0.011、0.013、0.128,且在且在1%或10%的置信水平下显著,这表明风险投资可以促进被投企业技术创新、供应商技术创新、客户技术创新以及供应链整体技术创新,假说H1、H2、H3和H4得到验证,与上述研究结果保持一致。

表6-5 ATT估计值

Panel A 最近邻匹配法						
变量	匹配状态	实验组	控制组	ATT	标准误	t统计量
PT	匹配前	1.056	0.923	0.133	0.019	6.96***
	匹配后	1.056	0.901	0.155	0.027	5.71***
SPT	匹配前	0.030	0.019	0.012	0.002	5.34***
	匹配后	0.030	0.023	0.007	0.003	2.15**
CPT	匹配前	0.145	0.121	0.024	0.007	3.28***
	匹配后	0.145	0.133	0.012	0.011	1.71*
SCPT	匹配前	1.170	1.020	0.150	0.020	7.36***
	匹配后	1.170	1.003	0.167	0.029	5.79***

表 6-5（续）

		Panel B 核匹配法				
变量	匹配状态	实验组	控制组	ATT	标准误	t 统计量
PT	匹配前	1.056	0.923	0.133	0.019	6.96***
	匹配后	1.076	0.953	0.123	0.022	5.62***
SPT	匹配前	0.030	0.019	0.012	0.002	5.34***
	匹配后	0.031	0.020	0.011	0.003	4.01***
CPT	匹配前	0.145	0.121	0.024	0.007	3.28***
	匹配后	0.145	0.132	0.013	0.008	1.70*
SCPT	匹配前	1.170	1.020	0.150	0.020	7.36***
	匹配后	1.187	1.059	0.128	0.023	5.49***

注：***、**、*分别对应1%、5%、10%显著性水平。

进一步，利用匹配后的样本对模型（6-1）至模型（6-4）进行回归，表 6-6 给出了相关回归结果。Panel A 为基于最近邻匹配法得到的样本，Panel B 为基于核匹配法得到的样本。在 Panel A 和 Panel B 中，被解释变量分别为 PT、SPT、CPT 以及 SCPT，解释变量 VC 的系数始终显著为正，表明风险投资可以促进被投企业技术创新、供应商技术创新、客户技术创新以及供应链整体技术创新，假说 H1、H2、H3 和 H4 得到验证，与上述研究结果保持一致。

综合上述的实证结果可知，在排除选择性偏误导致的内生性问题可能带来的影响之后，回归结果依然支持本书的核心结论。

表 6-6 基于匹配后样本的回归结果

	Panel A 最近邻匹配法			
变量	(1)	(2)	(3)	(4)
	PT	SPT	CPT	SCPT
VC	0.094***	0.019***	0.030**	0.096***
	(3.040)	(3.270)	(1.990)	(2.890)
Control	Yes	Yes	Yes	Yes
Year FE	Yes	Yes	Yes	Yes
Firm FE	Yes	Yes	Yes	Yes
N	10 732	10 877	11 264	10 477
Adj. R^2	0.476	0.009	0.016	0.432

表 6-6（续）

	Panel B 核匹配法			
变量	(1)	(2)	(3)	(4)
	PT	SPT	CPT	SCPT
VC	0.073***	0.012***	0.029***	0.099***
	(3.150)	(3.240)	(2.580)	(3.880)
Control	Yes	Yes	Yes	Yes
Year FE	Yes	Yes	Yes	Yes
Firm FE	Yes	Yes	Yes	Yes
N	25 453	26 263	27 907	24 784
Adj. R^2	0.429	0.008	0.015	0.384

注：***、**、* 分别对应 1%、5%、10%显著性水平。

6.4.2.2 工具变量

上述研究结果表明，风险投资可以促进被投企业技术创新、供应商技术创新、客户技术创新以及供应链整体技术创新，但是风险投资在选择被投企业时通常并不是随机的，而是经过严格筛选后才作出投资决策，上述供应链各个方面的技术创新水平也有可能是风险投资的筛选条件之一，即风险投资进入企业后并不能促进供应链各个方面的技术创新水平，而是供应链各个方面较高的技术创新水平更容易受到风险投资者的青睐。为了减少反向因果导致的内生性问题，本书引入工具变量，采用两阶段最小二乘法对上述研究的实证结果进行稳健性检验。

参考吴超鹏等（2012）、吴超鹏等（2017）的研究，本书将企业所属省份的风险投资的密度作为风险投资的工具变量，具体定义为企业所属省份的风险投资机构数量与该省份上市公司数量之比，以符号 VC_IV 表示。Cumming 等（2010）指出，风险投资为了减少信息不对称和监督成本，会优先选择本地企业。这种本土效用使得企业所属省份的风险投资机构密度可能会影响风险投资对被投企业的选择（吴超鹏 等，2012；吴超鹏 等，2017），但是企业以及企业所在的供应链的技术创新水平是企业的个体特征，不会受到当地风险投资机构密度的直接影响。

表 6-7 给出了采用风险投资机构密度作为工具变量进行两阶段最小二

▶ 第6章 风险投资与供应链协同创新——商业信用的中介作用

乘法回归后第二段回归的结果以及相关的统计检验。一阶段 F 统计量的值均大于临界值 10，表明内生变量 VC 与工具变量 VC_IV 具有较强的相关性。不可识别检验（Underidentification Test）中 LM 统计量的值分别为 48.171、41.552、41.959 以及 45.455，p 值均小于 0.1，因此不可识别检验均拒绝了原假设，说明选择的工具变量与内生变量相关；弱工具变量检验（Weak Identification Test）中 Wald-F 统计量的值分别为 48.216、41.578、41.984 以及 45.493，大于 Stock-Yogo 弱工具变量的临界值 16.38，因此弱工具变量检验拒绝了原假设，不存在弱工具变量的问题。由于工具变量的个数与内生变量的个数相同，因此不再需要进行过度识别检验。上述检验结果表明，本书所选择的工具是合理有效的。

第（1）列至第（4）列的被解释变量分别为 PT、SPT、CPT 以及 SCPT，解释变量 VC 的系数均显著为正，表明风险投资可以促进被投企业技术创新、供应商技术创新、客户技术创新以及供应链整体技术创新，假说 H1、H2、H3 和 H4 得到验证，与上述研究结果保持一致。

综合表 6-7 的结果可知，在排除反向因果导致的内生性问题可能带来的影响之后，回归结果依然支持本书的核心结论。

表 6-7 基于工具变量的内生性检验

变量	(1) PT	(2) SPT	(3) CPT	(4) SCPT
VC	1.076***	0.171**	1.008***	2.173***
	(2.760)	(2.300)	(3.640)	(4.210)
Control	Yes	Yes	Yes	Yes
Year FE	Yes	Yes	Yes	Yes
Firm FE	Yes	Yes	Yes	Yes
N	27 128	27 894	29 569	26 468
一阶段 F 值	48.220	41.580	41.980	45.490
Underidentification Test	48.171	41.552	41.959	45.455
Weak Identification Test	48.216	41.578	41.984	45.493

注：1. ***、**、* 分别对应 1%、5%、10% 显著性水平。
2. 第一阶段的回归结果表明，工具变量 VC_IV 的系数在 1% 的置信水平下显著为正，表明风险投资机构密度与企业能否获得风险投资显著正相关，受限于篇幅未展示。

6.4.3 稳健性检验

在稳健性检验中,结合本章的研究内容,本章主要通过更换被解释变量的衡量方式以排除变量定义不同产生的影响。

上述研究主要以发明专利的申请数量衡量技术创新水平,在稳健性检验中,以实用新型专利、发明专利以及外观设计专利的申请数量之和衡量技术创新水平。首先,以企业的三类专利申请数量之和衡量企业的技术创新水平,并在加1之后取自然对数,该定义下企业的技术创新水平以符号PT1表示;其次,以前五大供应商的三类专利申请数量之和衡量供应商的技术创新水平,并在加1之后取自然对数,该定义下供应商的技术创新水平以符号SPT1表示;再次,以前五大客户的三类专利申请数量之和衡量客户的技术创新水平,并在加1之后取自然对数,该定义下客户的技术创新水平以符号CPT1表示;最后,以上市公司的供应商、客户以及上市公司自身的三类专利申请数量之和衡量供应链总体技术创新水平,并在加1之后取自然对数,该定义下供应链的整体创新水平以符号SCPT1表示。

表6-8给出了更换被解释变量后的回归结果。第(1)列至第(4)列的被解释变量分别为PT1、SPT1、CPT1以及SCPT1,解释变量VC的系数均显著为正,表明风险投资可以促进被投企业技术创新、供应商技术创新、客户技术创新以及供应链整体技术创新,假说H1、H2、H3和H4得到验证,与上述研究结果保持一致。

综合表6-8的结果可知,在排除技术创新水平的不同衡量方式可能带来的影响之后,回归结果依然支持本书的核心结论。

表6-8 更换被解释变量的衡量方式

变量	(1) PT1	(2) SPT1	(3) CPT1	(4) SCPT1
VC	0.070***	0.035***	0.039**	0.091***
	(2.690)	(2.580)	(2.250)	(2.940)
Control	Yes	Yes	Yes	Yes
Year FE	Yes	Yes	Yes	Yes
Firm FE	Yes	Yes	Yes	Yes

表 6-8（续）

变量	(1) PT1	(2) SPT1	(3) CPT1	(4) SCPT1
N	29 820	29 820	29 820	29 820
Adj. R^2	0.535	0.028	0.023	0.439

注：***、**、* 分别对应 1%、5%、10% 显著性水平。

6.5 机制检验

上述研究验证了假说 H1、H2、H3 和 H4，即风险投资可以促进被投企业技术创新、供应商技术创新、客户技术创新以及供应链整体技术创新。在理论分析中，分别从供应商—企业、企业—客户两个方面分析了风险投资如何促进供应链上下游企业之间协同创新的。

首先，从供应商—企业方面来看，风险投资可以促使企业从供应商处获得更多的商业信用融资，这能促进企业的技术创新，而风险投资又可以缩短企业商业信用融资期限，促使企业及时偿还供应商的欠款，避免长期故意占用供应商的流动性，这能促进供应商的技术创新，上述结果表明风险投资可以通过改善供应商与企业之间的商业信用进而促进二者的协同创新。其次，从企业—客户方面来看，风险投资可以促使企业向客户提供更多的商业信用，这能促进客户的技术创新，而风险投资又可以缩短企业商业信用供给期限，促使客户及时偿还企业的欠款，避免长期故意占用企业的流动性资金，这能促进企业的技术创新。上述结果表明，风险投资可以通过改善企业与客户之间的商业信用进而促进二者的协同创新。最后，在此基础上，不难得出结论，风险投资可以促进供应链总体的技术创新。

在机制检验的过程中主要利用中介效应模型对如下传导机制检验："风险投资—商业信用融资规模—企业技术创新""风险投资—商业信用融资期限—供应商技术创新""风险投资—商业信用供给规模—客户技术创新""风险投资—商业信用供给期限—企业技术创新"。

6.5.1 供应商—企业的视角

在检验"风险投资—商业信用融资规模—企业技术创新"的垂直传导机制时,主要有三个步骤:第一,检验风险投资能否促进企业技术创新,此结果已在本章上述研究中进行检验,结果表明风险投资可以促进企业技术创新;第二,检验风险投资能否增加企业的商业信用融资规模,此结果已在第5章进行检验,结果表明风险投资可以增加企业的商业信用融资规模;第三,检验风险投资和商业信用融资规模同时对企业技术创新的影响。具体而言,在模型(6-1)和模型(5-1)的基础上,进一步构建如下计量模型:

$$PT_{i,t+1} = \gamma_0 + \gamma_1 VC_{i,t} + \gamma_2 TCD_{i,t} + X_{i,t} + \lambda_i + \tau_t + \varepsilon_{i,t} \tag{6-5}$$

表6-9的第(1)列给出了模型(6-5)的回归结果,解释变量VC的系数显著为正,表明风险投资可以促进企业技术创新;中介变量TCD的系数显著为正,表明商业信用融资规模可以促进企业技术创新。综合上述的检验结果,"风险投资—商业信用融资规模—企业技术创新"的垂直传导机制得到验证,即风险投资可以通过增加企业的商业信用融资规模来促进企业技术创新。

在检验"风险投资—商业信用融资期限—供应商技术创新"的垂直传导机制时,主要有三个步骤:第一,检验风险投资能否促进供应商技术创新,此结果已在本章上述研究中进行检验,结果表明风险投资可以促进供应商技术创新;第二,检验风险投资能否缩短企业的商业信用融资期限,此结果已在第5章进行检验,结果表明风险投资可以缩短企业的商业信用融资期限;第三,检验风险投资和商业信用融资期限同时对供应商技术创新的影响。具体而言,在模型(6-2)和模型(5-2)的基础上,进一步构建如下计量模型:

$$SPT_{i,t+1} = \gamma_0 + \gamma_1 VC_{i,t} + \gamma_2 TCDDur_{i,t} + X_{i,t} + \lambda_i + \tau_t + \varepsilon_{i,t} \tag{6-6}$$

表6-9的第(2)列给出了模型(6-6)的回归结果,解释变量VC的系数显著为正,表明风险投资可以促进供应商的技术创新;中介变量TCDDur的系数显著为负,表明缩短商业信用融资期限可以促进供应商的技术创新。综合上述的检验结果,"风险投资—商业信用融资期限—供应商技术创新"的垂直传导机制得到验证,即风险投资可以通过缩短企业的商业信用融资期限来促进供应商的技术创新。

综合上述结果,从供应商—企业方面来看,一方面,风险投资可以促使供应商提供更多的商业信用,增加商业信用融资规模,促进企业的技术创新;另一方面,风险投资又可以促使企业及时偿还账款,缩短企业商业信用融资期限,促进供应商的技术创新。从而,风险投资可以通过改善供应商—企业之间的商业信用进而促进二者的协同创新。

表6-9 风险投资通过改善商业信用促进供应链协同创新的机制检验

变量	(1) PT	(2) SPT	(3) PT	(4) CPT
VC	0.063**	0.021**	0.053**	0.027**
	(2.500)	(2.310)	(2.230)	(2.170)
TCD	0.006***			
	(3.010)			
TCDDur		−0.006***		
		(−2.660)		
TCSDur			−0.006**	
			(−2.460)	
TCS				0.002*
				(1.950)
Control	Yes	Yes	Yes	Yes
Year FE	Yes	Yes	Yes	Yes
Firm FE	Yes	Yes	Yes	Yes
N	21 200	10 786	22 888	25 678
Adj. R^2	0.420	0.019	0.446	0.014

注:***、**、*分别对应1%、5%、10%显著性水平。

6.5.2 企业—客户的视角

在检验"风险投资—商业信用供给期限—企业技术创新"的垂直传导机制时,主要有三个步骤:第一,检验风险投资能否促进企业技术创新,此结果已在本章上述研究中进行检验,结果表明风险投资可以促进企业技术创新;第二,检验风险投资能否缩短企业的商业信用供给期限,此结果已在第4章进行检验,结果表明风险投资可以缩短企业的商业信用供给期限;第三,检验风险投资和商业信用供给期限同时对企业技术创新的影响。具体而言,

在模型(6-1)和模型(4-2)的基础上,进一步构建如下计量模型:

$$PT_{i,t+1} = \gamma_0 + \gamma_1 VC_{i,t} + \gamma_2 TCSDur_{i,t} + X_{i,t} + \lambda_i + \tau_t + \varepsilon_{i,t} \quad (6-7)$$

表6-9的第(3)列汇报了模型(6-7)的回归结果,解释变量VC的系数显著为正,说明风险投资可以促进企业技术创新;中介变量TCSDur的系数显著为负,表明缩短商业信用供给期限可以促进企业技术创新。综合上述的检验结果,"风险投资—商业信用供给期限—企业技术创新"的垂直传导机制得到验证,即风险投资可以通过缩短企业的商业信用供给期限来促进企业技术创新。

在检验"风险投资—商业信用供给规模—客户技术创新"的垂直传导机制时,主要有三个步骤:第一,检验风险投资能否促进客户技术创新,此结果已在本章上述研究中进行检验,结果表明风险投资可以促进客户的技术创新;第二,检验风险投资能否增加企业的商业信用供给规模,此结果已在第4章进行检验,结果表明风险投资可以增加企业的商业信用供给规模;第三,检验风险投资和商业信用供给规模同时对客户技术创新的影响。具体而言,在模型(6-4)和模型(4-2)的基础上,进一步构建如下计量模型:

$$CPT_{i,t+1} = \gamma_0 + \gamma_1 VC_{i,t} + \gamma_2 TCS_{i,t} + X_{i,t} + \lambda_i + \tau_t + \varepsilon_{i,t} \quad (6-8)$$

表6-9的第(4)列汇报了模型(6-8)的回归结果,解释变量VC的系数显著为正,说明风险投资可以促进客户的技术创新;中介变量TCS的系数显著为正,表明商业信用供给规模可以促进客户的技术创新。综合上述的检验结果,"风险投资—商业信用供给规模—客户技术创新"的垂直传导机制得到验证,即风险投资可以通过增加企业的商业信用供给规模来促进客户的技术创新。

综合上述结果,从企业—客户方面来看,一方面,风险投资可以促使客户及时偿还账款,缩短商业信用供给期限,促进企业的技术创新;另一方面,风险投资可以促使企业提供更多的商业信用,增加商业信用供给规模,促进客户的技术创新。从而,风险投资可以通过改善企业—客户之间的商业信用进而促进二者的协同创新。

6.6 异质性分析

本章主要研究风险投资对供应链协同创新的影响,因而主要从风险投资的视角以及企业的视角进行异质性分析,通过探究风险投资的异质性特征对供应链协同创新的影响、风险投资在不同异质性特征的企业中对供应链协同创新的影响,以有助于我们更加全面而深刻地理解风险投资对供应链协同创新的影响。

6.6.1 基于风险投资视角的异质性分析

上述研究发现,对于企业的技术创新水平而言,风险投资可以促使企业获得更多商业信用融资、缩短商业信用供给期限,进而促进其技术创新;对于供应商的技术创新水平而言,风险投资可以促使企业缩短商业信用融资期限,进而促进其技术创新;对客户而言,风险投资可以促使企业向其提供更多的商业信用,进而促进其技术创新;最终,通过提高供应链上下游技术创新水平,风险投资促进了供应链整体的技术创新水平。由此可见,商业信用是风险投资影响供应链协同创新的重要因素。

第 4 章的研究发现,风险投资的异质性特征会影响企业的商业信用供给决策,具体而言,当风险投资具有联合持股、私有性质以及高声誉等特征时,对企业商业信用供给规模的增加作用更为显著,对商业信用供给期限的缩短作用更为显著。第 5 章的研究发现,风险投资的异质性特征会影响企业的商业信用融资决策,具体而言,当风险投资具有联合持股、私有性质以及高声誉等特征时,对企业商业信用融资规模的增加作用更为显著,对商业信用融资期限的缩短作用更为显著。既然商业信用是风险投资影响供应链协同创新的重要因素,而风险投资的异质性特征会影响企业的商业信用决策,那么风险投资的异质性特征会如何影响供应链上下游的技术创新呢?本章将展开分析。

第一,企业技术创新。表 6-10 中的 Panel A 中第(1)至第(3)列中被解释变量为企业技术创新水平 PT,解释变量分别为风险投资联合持股 VCSynd、风险投资股权性质 VCPrivate 以及风险投资声誉 VCReputation,解释变量的系数均显著为正,表明当风险投资具有联合持股、私有性质以及高声誉等特征时,对企业技术创新的正向作用更为显著。由于风险投资主要通过增加企业商业信用融资规模、缩短商业信用供给期限促进企业技术创新,而在上述研究中实证发现当风险投资具有联合持股、私有性质以及高声誉等特征时,对企业商业信用供给规模的正向作用更为显著,对商业信用供给期限的负向作用更为显著,因此,当风险投资具有联合持股、私有性质以及高声誉等特征时,对企业技术创新的正向作用更为显著。

第二,供应商技术创新。表 6-10 的 Panel A 中第(4)至第(6)列中被解释变量为供应商技术创新水平 SPT,解释变量分别为风险投资联合持股 VCSynd、风险投资股权性质 VCPrivate 以及风险投资声誉 VCReputation,解释变量的系数均显著为正,表明当风险投资具有联合持股、私有性质以及高声誉等特征时,对供应商技术创新的正向作用更为显著。由于风险投资主要通过缩短商业信用融资期限促进企业的供应商技术创新,第 5 章的研究发现,当风险投资具有联合持股、私有性质以及高声誉等特征时,对企业商业信用融资期限的负向作用更为显著。因此,当风险投资具有联合持股、私有性质以及高声誉等特征时,对供应商技术创新的正向作用更为显著。

第三,客户技术创新。表 6-10 的 Panel B 中第(1)至第(3)列中被解释变量为客户技术创新水平 CPT,解释变量分别为风险投资联合持股 VCSynd、风险投资股权性质 VCPrivate 以及风险投资声誉 VCReputation,解释变量的系数均显著为正,表明当风险投资具有联合持股、私有性质以及高声誉等特征时,对客户技术创新的正向作用更为显著。由于风险投资主要通过促使企业提供更多商业信用以促进客户技术创新,第 4 章的研究发现,当风险投资具有联合持股、私有性质以及高声誉等特征时,对企业商业信用供给规模的正向作用更为显著。因此,当风险投资具有联合持股、私有性质以及高声誉等特征时,对客户技术创新的正向作用更为显著。

第四,供应链总体技术创新。表 6-10 的 Panel B 中第(4)至第(6)列中被解释变量为供应链总体技术创新水平 SCPT,解释变量分别为风险投资联合持股 VCSynd、风险投资股权性质 VCPrivate 以及风险投资声誉 VCReputation,解释变量的系数均显著为正,表明当风险投资具有联合持股、私有性质以及高声誉等特征时,对供应链总体技术创新的正向作用更为显著。由于当风险投资具有联合持股、私有性质以及高声誉等特征时,对供应链中供应商、企业以及客户的技术创新的正向作用更为显著,而供应链整体创新水平是各个方面技术创新水平的综合体现,因此当风险投资具有联合持股、私有性质以及高声誉等特征时,对供应链总体技术创新的正向作用也更为显著。

第6章 风险投资与供应链协同创新——商业信用的中介作用

表6-10 风险投资特征与供应链协同创新

	Panel A 被解释变量分别为 PT、SPT					
变量	(1)	(2)	(3)	(4)	(5)	(6)
	PT	PT	PT	SPT	SPT	SPT
VCSynd	0.088**			0.017*		
	(2.170)			(1.950)		
VCPrivate		0.134***			0.020*	
		(2.640)			(1.690)	
VCReputation			0.162**			0.039**
			(2.210)			(1.960)
Control	Yes	Yes	Yes	Yes	Yes	Yes
Year FE	Yes	Yes	Yes	Yes	Yes	Yes
Firm FE	Yes	Yes	Yes	Yes	Yes	Yes
N	6 991	6 991	6 991	6 968	6 968	6 968
Adj. R^2	0.506	0.506	0.505	0.010	0.010	0.010

	Panel B 被解释变量分别为 CPT、SCPT					
变量	(1)	(2)	(3)	(4)	(5)	(6)
	CPT	CPT	CPT	SCPT	SCPT	SCPT
VCSynd	0.040*			0.122***		
	(1.760)			(2.820)		
VCPrivate		0.063***			0.214***	
		(2.690)			(3.790)	
VCReputation			0.097*			0.184**
			(1.820)			(2.370)
Control	Yes	Yes	Yes	Yes	Yes	Yes
Year FE	Yes	Yes	Yes	Yes	Yes	Yes
Firm FE	Yes	Yes	Yes	Yes	Yes	Yes
N	7 281	7 281	7 281	6 809	6 809	6 809
Adj. R^2	0.017	0.018	0.017	0.454	0.456	0.454

注：***、**、* 分别对应1%、5%、10%显著性水平。

6.6.2 基于企业视角的异质性分析

近年来,国家出台了《推动供应链金融服务实体经济的指导意见》《关于规范发展供应链金融支持供应链产业链稳定循环和优化升级的意见》等一系列措施,试图通过发展供应链金融来打通供应链上资金的流通阻滞,为上下游企业尤其是中小企业解决融资难、融资贵以及现金流断裂等问题,以促进上下游企业协同发展。

供应链金融是指银行等金融机构以供应链的核心企业为依托,以核心企业与供应链上下游企业之间的真实贸易关系为前提,以真实贸易所产生的预期现金流为保障的一种自偿性、封闭式的贸易融资方式,主要包含以下三类:存货类融资、预付类融资以及应收类融资。供应链金融旨在优化供应链企业之间的资金流通,使得供应链中的商流、信息流、物流以及资金流等四流合一,促进供应链企业协同发展,从根本上提升供应链的综合竞争力(Camerinelli,2009;Wuttke et al.,2013;凌润泽 等,2021;潘爱玲 等,2021)。那么企业开展供应链金融业务与否,是否会影响风险投资对供应链协同创新的作用呢?下面对此展开分析。

关于企业是否开展供应链金融业务,本书参考 Pan 等(2020)、凌润泽等(2021)、潘爱玲等(2021)的研究,以"供应链金融""供应链融资""供应链管理"等关键词为对象,对上市公司公告信息以及年报中以不同形式披露的"管理层讨论与分析"(简称 MD&A)进行文本搜索,如果上市公司公告或者MD&A 中有上述关键词,则对相关公告或者 MD&A 的内容进一步分析该企业是否开展供应链金融业务,以及何时开展供应链金融业务。在变量定义方面,企业有无开展供应链金融业务(SCF)以虚拟变定义,如果企业开展了供应链金融业务,那么 SCF 取值为1,否则取值为0。

表 6-11 给出了风险投资 VC 与供应链金融业务 SCF 的交互项 SCFVC 的回归结果。第(1)列至第(4)列中,被解释变量分别为 PT、SPT、CPT 以及 SCPT。只有第(2)列和第(3)列的回归中,交互项 SCFVC 的系数显著为正,这意味着,相较于没有开展供应链金融业务的企业,风险投资在开展供应链金融业务的企业中更能促进被投企业的供应商和客户技术创新。一方面,这说明核心企业开展供应链金融业务,确实有助于打通供应链上资金的流通阻滞,促进上下游企业协同发展。另一方面,SCFVC 的系数在第(2)列和

第(3)列的显著性较弱,在第(1)列和第(4)列不显著,也说明由于我国的供应链金融业务目前正处在起步阶段,仍然需要进一步发展,只有这样才能更有效地促进上下游企业协同发展。

表 6-11　基于是否开展供应链金融业务的异质性分析

变量	(1) PT	(2) SPT	(3) CPT	(4) SCPT
VC	0.090***	0.011***	0.024**	0.110***
	(3.920)	(2.670)	(2.010)	(4.290)
SCFVC	−0.081	0.016*	0.046*	−0.029
	(−1.260)	(1.740)	(1.760)	(−0.420)
SCF	−0.048	−0.003	0.038*	−0.037
	(−1.130)	(−0.550)	(1.920)	(−0.780)
Control	Yes	Yes	Yes	Yes
Year FE	Yes	Yes	Yes	Yes
Firm FE	Yes	Yes	Yes	Yes
N	27 401	28 162	29 820	26 756
Adj. R^2	0.426	0.009	0.016	0.381

注:***、**、*分别对应1%、5%、10%显著性水平。

6.7　本章小结

本章主要研究风险投资能否通过改善商业信用促进供应链协同创新,结合第4章和第5章的研究结论,在理论分析的基础上,选取2005—2019年沪深A股上市公司数据,以商业信用为传导中介,实证检验了风险投资对供应链协同创新的影响及其机制,并从风险投资和企业两个视角进行异质性分析。具体研究结论有以下三点。

(1) 风险投资不仅可以促进供应商—企业协同创新,提高企业和其供应商彼此的技术创新水平,还可以促进企业—客户协同创新,提高企业和其客户彼此的技术创新水平,最终提高了被投企业所在的供应链的整体技术创新水平。通过倾向得分匹配、工具变量、更换被解释变量等一系列检验,证明了上述结论具有稳健性。

（2）利用中介效应模型检验改善商业信用是否是风险投资促进供应链协同创新的作用机制，结果表明，从供应商—企业的视角来看，一方面，风险投资可以促使供应商提供更多的商业信用，增加商业信用融资规模，促进企业的技术创新；另一方面，风险投资可以促使企业及时偿还账款，缩短商业信用融资期限，促进供应商的技术创新，从而风险投资可以通过改善供应商—企业之间的商业信用，进而促进二者的协同创新。从企业—客户的视角来看，一方面，风险投资可以促使企业提供更多的商业信用，增加商业信用供给规模，促进客户技术创新；另一方面，风险投资可以促使客户及时偿还账款，缩短商业信用供给期限，促进企业技术创新，从而，风险投资可以通过改善企业—客户之间的商业信用进而促进二者的协同创新。

（3）异质性分析的结果表明，当风险投资具有联合持股、私有性质以及高声誉等特征时，对被投企业的技术创新、供应商的技术创新、客户的技术创新以及供应链整体的技术创新的正向作用更为显著；相较于没有开展供应链金融业务的企业，风险投资在开展供应链金融业务的企业中更能促进供应商和客户的技术创新，而对企业的技术创新和供应链整体的技术创新水平并无异质性影响。

第 7 章

结论与展望

第7章 结论与展望

7.1 研究结论

当前,我国经济正处于转型升级的关键时期,要突破全球价值链低端锁定,提升产业链供应链现代化水平,畅通内外双循环,实现高质量发展,必须坚持创新驱动发展战略,全面塑造发展新优势。在实施创新驱动发展战略的过程中,供应链协同创新受到越来越多的关注,成为我国转型升级的重要动力源泉。在推动供应链协同创新的过程中,以应收应付款项为代表的商业信用作为供应链企业间资金流通的主要形式,规模较小,期限较长,致使供应链内部企业之间的资金配置效率较低,形成流通阻滞,阻碍了供应链协同创新的发展。因此,通过扩大商业信用规模、缩短商业信用期限,进而改善上下游企业之间的商业信用,对于促进供应链协同创新至关重要。在供应链上下游企业中,扩大商业信用规模,不仅依赖于供给方提供商业信用的动机与能力,还依赖于需求方对于商业信用的需求程度与获取能力;而缩短商业信用期限,不仅依赖于供给方对应收货款的收取能力,还依赖于需求方的诚信水平。近年来,风险投资行业不断发展,对于企业的影响也开始向企业所在的供应链逐渐溢出。风险投资强大的资金储备能力、丰富的社会网络资源、良好的认证功能以及优秀的监督治理能力,必然也会深刻改变上述商业信用规模与期限的影响因素。因此,本书基于上述背景,将风险投资、商业信用与供应链协同创新纳入一个框架内,深入系统地研究风险投资能否改善信用从而促进供应链协同创新。结果发现,风险投资可以有效扩大商业信用规模,缩短商业信用期限,通过改善商业信用,风险投资可以有效促进供应链协同创新。本书对其中的原理、影响和机制进行了系统论述,具体研究结论如下所述。

第一,关于风险投资、商业信用与供应链协同创新的现状分析,本书发现以下四点结论。① 风险投资作为资本市场的重要组成部分,在过去几十年的发展当中,由最初致力于为中小企业自主创新与发展服务,到如今全面支持国家经济发展,除了发展规模不断壮大之外,其所投资的行业分布和投资阶段分布也日益合理,几乎覆盖了全部行业和全部生命周期企业。② 中国企业的商业信用规模相对较低,商业信用期限相对较长,金融危机等外部环境会影响企业的商业信用决策,并且不同行业和所有制的企业在商业信用决策方面存在显著差异。③ 中国企业及其所在供应链的专利产出主要以实用新型专利和外观设计专利为主,发明专利的占比较低,专利类型分布并不合理,专利质量有待进一步提升。此外,在供应链中,客户与供应商的专利产出与上市公司的专利产出并不匹配,在创新产出方面存在较大差异,上市公司作为供应链中的创新主体,并未发挥出带动上下游企业协同创新的作用。④ 风险投资、商业信用与供应链协同创新方面存在显著的相关性,初步发现风险投资有望通过改善商业信用促进供应链协同创新。

第二,从供给方的视角研究风险投资对商业信用的影响和作用机制,本书发现以下三点结论。① 风险投资可以显著增加企业的商业信用供给规模,缩短企业的商业信用供给期限,这意味着风险投资可以有效改善企业—客户之间的商业信用。② 机制检验的结果表明,风险投资主要通过促进企业管理层股权激励的实施和提供资金支持两个渠道来增加企业的商业信用供给规模,通过降低企业的客户集中度,提高企业与客户之间的相对议价能力,缩短企业的商业信用供给期限。③ 异质性分析的结果表明,当风险投资具有联合持股、私有性质以及高声誉等特征时,对商业信用供给规模的增加作用更为显著,并且对商业信用供给期限的缩短作用更为显著;当企业处于竞争程度低的行业时,风险投资对商业信用供给规模的增加作用更为显著,相反,当企业处于竞争程度高的行业时,风险投资对商业信用供给期限的缩短作用更为显著。

第三,从需求方的视角研究风险投资对商业信用的影响和作用机制,本书发现以下四点结论。① 风险投资可以增加企业的商业信用融资规模,缩短企业的商业信用融资期限,这意味着风险投资可以有效改善供应商—企业之间的商业信用。② 机制检验的结果表明,风险投资主要通过促进企业实施进攻型战略和降低企业的供应商集中度两个渠道来增加企业的商业信用融资规模,通过提高企业的诚信水平来缩短企业的商业信用融资期限。③ 异质性分析的结果表明,当风险投资具有联合持股、私有性质以及高声誉等特征时,对企业商业信用融资规模的增加作用更为显著,对商业信用融资期限的缩短作用更为显著;当企业为高新技术企业时,风险投资对企业商业信用融资规模的增加作用更为显著,当企业处于社会信任水平较低的地区时,风险投资对企业商业信用融资期限的缩短作用更为显著。④ 拓展性分析的结果表明,风险投资对企业商业信用净额具有正向作用,虽然在供应商—企业—客户的三元供应链关系中,风险投资会促使企业从供应商处获得更多的商业信用融资,也会促使企业向客户提供更多的商业信用,但是风险投资对企业商业信用净额具有正向作用,这意味着风险投资会促使中间企业在供应链融资的过程中更多地表现出资金支持。此外,从供应商处获得的商业信用融资越多,越会促使企业向客户提供更多的商业信用。

第四,关于风险投资能否通过改善商业信用促进供应链协同创新,本书发现以下三点结论。① 风险投资不仅可以促进供应商—企业协同创新,即提高企业和其供应商彼此的技术创新水平,还可以促进企业—客户协同创新,即提高企业和其客户彼此的技术创新水平,并且最终提高了被投企业所在的供应链的整体技术创新水平。② 机制检验的结果表明,从供应商—企业的视角来看,一方面风险投资可以促使供应商提供更多的商业信用,促进企业的技术创新,另一方面风险投资可以促使企业及时偿还账款,提高供应商现金流的高效运转,促进供应商的技术创新,从而风险投资可以通过改善供应商—企业之间的商业信用进而促进二者的协同创新;从企业—客户的视角来看,一方面风险投资可以促使企业提供更多的商业信用,促进客户的技术创新,另一方面风险投资可以促使客户及时偿还账款,提高企业现金流的高效运转,促进企业的技术创新,从而风险投资可以通过改善企业—客户之间的商业信用进而促进二者的协同创新。③ 异质性分析的结果表明,当风险投资具有联合持股、私有性质以及高声誉等特征时,对企业的技术创新、供应商的技术创新、客户的技术创新以及供应链整体的技术创新水平的正向作用更为显著;相较于没有开展供应链金融业务的企业,风险投资在开展供应链金融业务的企业中更能促进供应商和客户的技术创新,而对企业的技术创新和供应链整体的技术创新水平并无异质性影响。

综合上述的研究结论,风险投资、商业信用与供应链协同创新之间的作用机制总结出以下三点结论。① 从供应商—企业的视角来看,风险投资可以通过促进企业实施进攻型战略和降低企业的供应商集中度两个渠道来增加企业的商业信用融资规模,缓解企业技术创新的融资缺口,促进企业的技术创新。风险投资还可以通过提高企业的诚信水平促使企业及时偿还账款,提高供应商现金流的高效运转,促进供应商的技术创新,从而风险投资可以通过改善供应商—企业之间的商业信用进而促进二者的协同创新。

② 从企业—客户的视角来看，风险投资可以通过促进企业管理层股权激励的实施和提供资金支持两个渠道来增加企业的商业信用供给规模，缓解客户技术创新的融资缺口，促进客户的技术创新。风险投资还可以通过降低企业的客户集中度，提高企业与客户之间的相对议价能力，促使客户及时偿还账款，提高企业现金流的高效运转，促进企业的技术创新，从而风险投资可以通过改善企业—客户之间的商业信用进而促进二者的协同创新。③ 从供应链整体视角来看，风险投资不仅可以促进供应商—企业之间的协同创新，还能促进企业—客户之间的协同创新，并且最终提高了供应链整体的技术创新水平，因此，风险投资通过改善商业信用促进了供应链协同创新。

7.2 政策建议

综合上述研究结论可知，本书的研究对于促进风险投资服务实体经济、改善商业信用、促进供应链协同创新等方面提供了重要的政策启示。因此，针对本书的研究结论，本书尝试给出如下几点政策建议。

第一，继续鼓励和支持风险投资的发展，推动风险投资更好地服务于实体经济。近年来，国家出台了一系列政策，鼓励和支持风险投资行业的发展，关于风险投资经济后果的研究一直是学术界和实务界的热点问题。本书的研究表明，风险投资不仅会对被投企业产生积极影响，其积极效应还会向被投企业所在供应链溢出。因此，为了进一步强化风险投资对企业以及其供应链的积极影响，政府不仅要制定财政补贴、税收优惠等产业政策鼓励和支持风险投资的发展，还需要成立必要的监督机构对风险投资的投资行为进行监督与约束，撤销只注重投机行为的风险投资机构，引导风险投资树立长期价值投资理念，利用其强大的资金储备能力、丰富的社会网络资源、良好的认证功能以及优秀的监督治理能力赋能实体企业的健康发展，并通过所投企业将其积极影响向企业所在的供应链辐射，从而促进供应链协同创新，推动产业链供应链升级，最终实现高质量发展。

第二，推进企业征信系统建设，建立完善失信惩戒制度，从而维持商业信用的健康流通，防范供应链系统性风险。本书的研究表明，供应链企业之间通过商业信用可以实现资源共享和协同发展，但是一旦需求方的应付款项违约逾期，供给方不能及时收回款项，由此造成的财务风险不仅会使供给方陷入资金流动性危机,还有可能会通过供应链进一步向上下游"传染",从而对整个供应链的生产经营造成规模性的负面影响,由此可见,能否及时偿还应付款项至关重要。单纯依靠企业自觉或是风险投资的监督,难以彻底解决上述问题。因此,政府应继续推进企业征信系统建设,建立完善失信惩戒制度,将应收账款履约情况纳入企业征信系统,避免下游企业恶意拖欠商业信用,为商业信用的发展提供良好的制度环境,维持商业信用的健康流通,确保供应链稳定,避免供应链系统性风险。

第三,充分发挥供应链核心企业的引领作用,引导核心企业通过资源和技术分享,带动供应链上下游企业协同创新,补齐供应链上的短板,推动产业链供应链升级。本书的研究表明,在上市公司的供应链中,客户、供应商的专利产出与上市公司的专利产出并不匹配,在创新产出方面存在较大差异,上市公司作为供应链中的创新主体,并未较好地发挥出带动上下游企业协同创新的作用。一方面,供应链中的核心企业要树立忧患意识,发挥自身的担当作用,加大对国产供应链的扶持力度,通过联盟、战略合作或股权合作的方式,为供应链上下游企业提供资金和技术支持,带动上下游企业协同创新,以补齐供应链上的短板,形成完整的供应链,实现供应链自主可控。另一方面,政府应当开展供应链协同创新推进工作专项激励,鼓励供应链核心企业依托所在供应链建立供应链协同创新综合体,并充分发挥财政资金的引导作用,通过各类优惠政策,顺势引领各类社会资本加大对供应链协同创新综合体建设的投入,以此推动供应链上下游企业之间技术创新的高效协同,最终实现产业链供应链升级。

第四,推动供应链金融的进一步发展,促进供应链上下游企业之间协同发展。本书的研究表明,虽然供应链金融的发展目前在我国仍属于起步期,但是供应链金融在促进供应链协同创新协同发展方面,已经开始发挥积极作用。因此,政府要继续推动供应链金融的发展,政府应当对开展供应链金融业务的企业和金融机构进行必要的政策倾斜,通过各类优惠政策引导企业和金融机构积极开展供应链金融业务,并设立专项基金为供应链金融业务提供担保,通过发展供应链金融来打通供应链上资金的流通阻滞,为上下游企业尤其是中小企业解决融资难、融资贵以及现金流断裂等问题,以促进上下游企业之间的协同发展,从根本上提升产业链供应链的综合竞争力。

7.3　研究展望

本书研究了风险投资对商业信用与供应链协同创新的影响,虽然研究取得了一定的进展,研究成果对相关领域内的理论和现实具有一定的补充和借鉴意义,但是,本书仍然存在很多不足和改进空间,这也为未来的研究提供了一些可能的方向。

第一,由于上市公司在披露其客户以及供应商的信息时,只披露了前五大客户和前五大供应商的相关信息,虽然前五大客户和前五大供应商具有一定的代表意义,但是仍然不能反映出供应商与客户的全貌。受限于数据,本书在研究供应链协同创新的过程中,只能使用前五大供应商和前五大客户的技术创新水平来近似衡量供应商与客户整体技术创新水平。随着日后上市公司信息披露更加规范详细,在研究上述问题时可以得到更加精确的结果。

第二,一条供应链中一般包括商业流通、物资流通、信息流通以及资金流通等四个流程,由于笔者能力和时间有限,在研究供应链协同创新的过程中,只是以资金流通(商业信用)作为切入点,后续在相关的研究中,可以从其他视角作为切入点或是综合考虑各个流程。

第三,商业信用期限的最直接反映是企业应收或应付款项的实际天数,但是该指标属于企业内部的管理信息,并非公开的财务信息,即便是上市公司也不会披露商业信用期限的具体信息。受限于数据,本书在研究的商业信用期限的过程中,参考既有文献的研究方法,依据财务报表附注中应收账款和应付账款的账龄划分商业信用期限。未来如果上市公司披露相关信息,将有助于商业信用期限的进一步研究。

第四,在商业信用相关的文献综述中指出,商业信用通常可以分为两大类:第一类是供应商向客户提供商业信用(延期支付货款);第二类是客户向供应商提供商业信用(预付货款)。由于第一类商业信用的占比约为80%,在企业之间更为普遍,因此本书主要研究第一类商业信用。虽然第二类商业信用的占比相对较低,但在未来的研究中仍可参考本书的研究思路对其进行系统研究,以进一步完善商业信用领域内的相关研究。

参考文献 / References

白俊,邱善运,刘园园,2020.银行业竞争与企业超额商业信用供给[J].经济经纬,37(5):151-160.

蔡宁,2015.风险投资"逐名"动机与上市公司盈余管理[J].会计研究(5):20-27.

蔡宁,邓小路,程亦沁,2017.风险投资网络具有"传染"效应吗:基于上市公司超薪酬的研究[J].南开管理评论,20(2):17-31.

蔡宁,何星,2015.社会网络能够促进风险投资的"增值"作用吗?:基于风险投资网络与上市公司投资效率的研究[J].金融研究(12):178-193.

曹文婷,2020.风险投资影响新三板企业价值:作用机制、内生性及企业异质性探讨[J].北京工商大学学报(社会科学版),35(1):64-75.

曾蔚,阳欢欢,沈亚宁,等,2020.CVC参与程度、创新资本与创业企业价值增值[J].软科学,34(1):25-30.

陈冬华,胡晓莉,梁上坤,等,2013.宗教传统与公司治理[J].经济研究,48(9):71-84.

陈工孟,俞欣,寇祥河,2011.风险投资参与对中资企业首次公开发行折价的影响:不同证券市场的比较[J].经济研究,46(5):74-85.

陈洪天,沈维涛,2018.风险投资是新三板市场"积极的投资者"吗[J].财贸经济,39(6):73-87.

陈见丽,2011.风险投资能促进高新技术企业的技术创新吗?:基于中国创业板上市公司的经验证据[J].经济管理,33(2):71-77.

陈见丽,2012.风投介入、风投声誉与创业板公司的成长性[J].财贸经济(6):57-64.

陈丽蓉,陈正威,姜梦园,等,2021.资本市场开放提高了审计费用吗?:基于行业竞争和市场竞争地位的双重调节效应[J].审计与经济研究,36(2):19-29.

陈三可,赵蓓,2019.研发投入、风险投资与企业融资约束:基于中国制造业上市公司的实证分析[J].管理评论,31(10):110-123.

陈胜蓝,刘晓玲,2018.经济政策不确定性与公司商业信用供给[J].金融研究(5):172-190.

陈胜蓝,刘晓玲,2019.中国城际高铁与商业信用供给:基于准自然实验的研究[J].金融研究(10):117-134.

陈胜蓝,刘晓玲,2021.中国城际高铁与银行贷款成本:基于客户集中度风险的视角[J].经济学,20(1):173-192.

陈胜蓝,马慧,2018.贷款可获得性与公司商业信用:中国利率市场化改革的准自然实验证据[J].管理世界,34(11):108-120.

陈思,何文龙,张然,2017.风险投资与企业创新:影响和潜在机制[J].管理世界(1):158-169.

陈祥有,2010.风险投资与IPO公司盈余管理行为的实证研究[J].财经问题研究(1):64-69.

陈永凤,吴武清,2018.企业战略、市场地位与商业信用融资[J].财务研究(2):73-81.

陈正林,2017.客户集中、行业竞争与商业信用[J].会计研究(11):79-85,97.

程新生,武琼,刘孟晖,等,2020.企业集团现金分布、管理层激励与资本配置效率[J].金融研究(2):91-108.

董静,汪江平,翟海燕,等,2017.服务还是监控:风险投资机构对创业企业的管理:行业专长与不确定性的视角[J].管理世界(6):82-103.

段军山,庄旭东,2021.金融投资行为与企业技术创新:动机分析与经验证据[J].中国工业经济(1):155-173.

方红星,楚有为,2019.公司战略与商业信用融资[J].南开管理评论,22(5):

142-154.

冯慧群,2016.风险投资是民营企业 IPO 的"救星"吗[J].财贸经济,37(8): 66-80.

冯长利,张明月,刘洪涛,等,2015.供应链知识共享与企业绩效关系研究:供应链敏捷性的中介作用和环境动态性的调节作用[J].管理评论,27(11): 181-191.

付雷鸣,万迪昉,张雅慧,2012.VC 是更积极的投资者吗?:来自创业板上市公司创新投入的证据[J].金融研究(10):125-138.

葛新宇,庄嘉莉,刘岩,2021.贸易政策不确定性如何影响商业银行风险:对企业经营渠道的检验[J].中国工业经济(8):133-151.

耿艳丽,鲁桂华,2018.企业诚信影响审计收费吗?:基于纳税诚信的经验研究[J].审计研究(1):68-77.

耿艳丽,鲁桂华,李璇,2021.纳税诚信企业更容易获得商业信用融资吗?[J].管理评论,33(3):269-281.

苟燕楠,董静,2014.风险投资背景对企业技术创新的影响研究[J].科研管理,35(2):35-42.

韩鹏,沈春亚,2017.研发投入、风险资本与 IPO 抑价:基于创业板 IPO 公司的实证研究[J].管理评论,29(4):12-24.

何顶,罗炜,2019.风险投资声誉和股价"传染"效应:来自中国上市公司立案公告的证据[J].金融研究(9):169-187.

胡刘芬,周泽将,2018.风险投资机构持股能够缓解企业后续融资约束吗?:来自中国上市公司的经验证据[J].经济管理,40(7):91-109.

胡泽,夏新平,曹立竑,2014.金融危机时期商业信用的产品市场竞争动机[J].金融研究(2):84-97.

胡志颖,李瑾,果建竹,2015.研发投入与 IPO 抑价:风险投资的调节效应[J].南开管理评论,18(6):113-124.

黄宏斌,2012.法律制度、社会信任与会计舞弊[J].北京工商大学学报(社会科学版),27(2):62-68.

吉利,陶存杰,2019.供应链合作伙伴可以提高企业创新业绩吗?:基于供应商、客户集中度的分析[J].中南财经政法大学学报(1):38-46.

贾宁,李丹,2011.创业投资管理对企业绩效表现的影响[J].南开管理评论,

14(1):96-106.

江伟,底璐璐,刘诚达,2021.商业信用与合作型客户关系的构建:基于提供给大客户应收账款的经验证据[J].金融研究(3):151-169.

姜英兵,班旭,2021.社会信任与股权资本成本[J].经济经纬,38(6):150-160.

蒋岳祥,洪方韡,2020.风险投资与企业绩效:对新三板挂牌企业对赌协议和股权激励的考察[J].浙江学刊(3):133-141.

金永红,蒋宇思,奚玉芹,2016.风险投资参与、创新投入与企业价值增值[J].科研管理,37(9):59-67.

鞠晓生,卢荻,虞义华,2013.融资约束、营运资本管理与企业创新可持续性[J].经济研究,48(1):4-16.

康永博,王苏生,彭珂,2019.风险投资发挥监督作用了吗?:风险投资对公司创业投资(CVC)信息披露制度作用发挥的影响研究[J].管理评论,31(5):203-212.

孔东民,李海洋,杨薇,2021.定向降准、贷款可得性与小微企业商业信用:基于断点回归的经验证据[J].金融研究(3):77-94.

李九斤,王福胜,徐畅,2015.私募股权投资特征对被投资企业价值的影响:基于2008—2012年IPO企业经验数据的研究[J].南开管理评论,18(5):151-160.

李明辉,2019.社会信任对审计师变更的影响:基于CGSS调查数据的研究[J].审计研究(1):110-119.

李任斯,刘红霞,2016.供应链关系与商业信用融资:竞争抑或合作[J].当代财经(4):115-127.

李善民,杨继彬,钟君煜,2019.风险投资具有咨询功能吗?:异地风投在异地并购中的功能研究[J].管理世界,35(12):164-180.

李姝,李丹,田马飞,等,2021.技术创新降低了企业对大客户的依赖吗[J].南开管理评论,24(5):26-37.

李双建,李俊青,张云,2020.社会信任、商业信用融资与企业创新[J].南开经济研究(3):81-102.

李涛,黄晓蓓,2008.企业现金流量与融资决策关联性的实证研究[J].管理世界(6):182-183.

李文贵,余明桂,2012.所有权性质、市场化进程与企业风险承担[J].中国工业经济(12):115-127.

李文佳,朱玉杰,2021.儒家文化对公司违规行为的影响研究[J].经济管理,43(9):137-153.

李西良,田力普,赵红,2020.高新技术企业知识产权能力测度研究:基于DEMATEL-VIKOR的指数模型[J].科研管理,41(4):270-279.

李曜,宋贺,2016.风险投资与券商联盟对创业板上市公司IPO首发折价率的影响研究[J].财经研究,42(7):40-51.

李曜,王秀军,2015.我国创业板市场上风险投资的认证效应与市场力量[J].财经研究,41(2):4-14.

李越冬,严青,2019.风险投资"抑制"还是"放纵"内部控制缺陷?[J].科研管理,40(8):101-112.

李泽广,覃家琦,2020.融资约束与商业信用渠道的流动性提供:基于企业异质性视角的研究[J].南开学报(哲学社会科学版)(6):59-70.

凌润泽,潘爱玲,李彬,2021.供应链金融能否提升企业创新水平?[J].财经研究,47(2):64-78.

刘冰,罗超亮,符正平,2016.风险投资和创业企业总是完美一对吗?[J].南开管理评论,19(1):179-192.

刘春林,田玲,2021.人才政策"背书"能否促进企业创新[J].中国工业经济(3):156-173.

刘娥平,钟君煜,赵伟捷,2022.风险投资对企业风险承担的影响研究[J].科研管理,43(8):109-118.

刘凤委,李琳,薛云奎,2009.信任、交易成本与商业信用模式[J].经济研究,44(8):60-72.

刘欢,邓路,廖明情,2015.公司的市场地位会影响商业信用规模吗?[J].系统工程理论与实践,35(12):3119-3134.

刘通,曲世友,SCHERPEREEL C M,2018.联合风险投资策略对创业企业价值创造影响的实证研究[J].预测,37(2):56-62.

陆菁,陈飞,2015.金融创新对我国高技术产业出口复杂度的影响分析[J].国际经贸探索,31(5):47-61.

陆克斌,储节旺,王强,2012.供应链技术创新与客户知识管理的协同机理探讨[J].北京工业大学学报(社会科学版),12(1):21-25.

陆正飞,杨德明,2011.商业信用:替代性融资,还是买方市场?[J].管理世界(4):6-14.

马黎珺,张敏,伊志宏,2016.供应商—客户关系会影响企业的商业信用吗:基于中国上市公司的实证检验[J].经济理论与经济管理(2):98-112.

马宁,2019.风险投资、企业会计信息透明度和代理成本[J].管理评论,31(10):222-233.

马宁,姬新龙,2019.风险投资声誉、智力资本与企业价值[J].科研管理,40(9):96-107.

马宁,孟卫东,姬新龙,2018.国有风险资本协同智力资本的企业价值创造研究[J].研究与发展管理,30(1):60-71.

马文聪,朱桂龙,2013.供应商和客户参与技术创新对创新绩效的影响[J].科研管理,34(2):19-26.

潘爱玲,凌润泽,李彬,2021.供应链金融如何服务实体经济:基于资本结构调整的微观证据[J].经济管理,43(8):41-55.

齐绍洲,张倩,王班班,2017.新能源企业创新的市场化激励:基于风险投资和企业专利数据的研究[J].中国工业经济(12):95-112.

钱苹,张帏,2007.我国创业投资的回报率及其影响因素[J].经济研究,42(5):78-90.

强皓凡,严晗,张文铖,等,2021.国有风险资本与企业融资约束:如愿以偿还是事与愿违?[J].财经研究,47(11):154-169.

饶品贵,姜国华,2013.货币政策对银行信贷与商业信用互动关系影响研究[J].经济研究,48(1):68-82.

商燕劼,庞庆华,2021.供应链企业间战略共识如何影响技术创新绩效:知识共享与供应链协同的作用[J].科技进步与对策,38(11):125-134.

邵剑兵,陈永恒,2018.高管股权激励、盈余管理与审计定价:基于盈余管理异质性的视角[J].审计与经济研究,33(1):44-55.

施新政,高文静,陆瑶,等,2019.资本市场配置效率与劳动收入份额:来自股权分置改革的证据[J].经济研究,54(12):21-37.

石晓军,张顺明,2010.商业信用、融资约束及效率影响[J].经济研究,45(1):102-114.

宋芳秀,李晨晨,2014.风险投资对创业板上市公司 IPO 前后绩效变动的影响[J].财经科学(5):44-54.

宋贺,李曜,龙玉,2019.风险投资影响了企业定向增发折价率吗?[J].财经研究,45(10):59-72.

宋华,陈思洁,2017.供应链动态能力以及协同创新战略对资金柔性的影响研究[J].商业经济与管理(11):5-17.

宋华,黄千员,杨雨东,2021.金融导向和供应链导向的供应链金融对企业绩效的影响[J].管理学报,18(5):760-768.

宋竞,胡顾妍,何琪,2021.风险投资与企业技术创新:产品市场竞争的调节作用[J].管理评论,33(9):77-88.

宋敏,周鹏,司海涛,2021.金融科技与企业全要素生产率:"赋能"和信贷配给的视角[J].中国工业经济(4):138-155.

孙昌玲,王化成,王芃芃,2021.企业核心竞争力对供应链融资的影响:资金支持还是占用?[J].中国软科学(6):120-134.

孙建华,2015.IPO 后公司经营业绩下滑的实证:基于风险投资视角[J].财经科学(8):67-78.

孙健,王百强,曹丰,等,2016.公司战略影响盈余管理吗[J].管理世界(3):160-169.

孙鲲鹏,罗婷,肖星,2021.人才政策、研发人员招聘与企业创新[J].经济研究,56(8):143-159.

孙浦阳,李飞跃,顾凌骏,2014.商业信用能否成为企业有效的融资渠道:基于投资视角的分析[J].经济学,13(4):1637-1652.

孙淑伟,俞春玲,2018.社会关系网络与风险投资的退出业绩:基于效率与效益视角的双重考察[J].外国经济与管理,40(1):107-123.

唐曼萍,彭馨怡,王运陈,2019."增值"还是"逐名":风险投资与企业科技创新:基于不同资本背景风险投资的比较研究[J].财经科学(9):39-52.

唐跃军,2009.供应商、经销商议价能力与公司业绩:来自 2005—2007 年中国制造业上市公司的经验证据[J].中国工业经济(10):67-76.

田国强,李双建,2020.经济政策不确定性与银行流动性创造:来自中国的经验证据[J].经济研究,55(11):19-35.

王百强,黄静,吕杰,2021.股权激励影响经营杠杆决策吗?:基于 A 股上市公司的经验证据[J].中央财经大学学报(9):59-71.

王刚刚,谢富纪,贾友,2017.R&D补贴政策激励机制的重新审视:基于外部融资激励机制的考察[J].中国工业经济(2):60-78.

王会娟,张然,2012.私募股权投资与被投资企业高管薪酬契约:基于公司治理视角的研究[J].管理世界(9):156-167.

王慧,王谦,2021.供应链合作研发中下游合作方优先定价效果分析[J].管理评论,33(8):314-325.

王佳晨,刘西国,吴东,2021.社会信任会影响上市公司会计信息质量吗?:基于地区法治水平的调节作用[J].投资研究,40(11):108-122.

王杰,吴昊旻,2018.商业信用有利于企业"去库存"吗?[J].中南财经政法大学学报(5):59-68.

王垒,曲晶,赵忠超,等,2020.组织绩效期望差距与异质机构投资者行为选择:双重委托代理视角[J].管理世界,36(7):132-153.

王美英,曾昌礼,刘芳,2019.国家审计、国有企业内部治理与风险承担研究[J].审计研究(5):15-22.

王雄元,高开娟,2017.客户关系与企业成本粘性:敲竹杠还是合作[J].南开管理评论,20(1):132-142.

王彦超,2014.金融抑制与商业信用二次配置功能[J].经济研究,49(6):86-99.

王艳,李善民,2017.社会信任是否会提升企业并购绩效[J].管理世界(12):125-140.

王永进,盛丹,2013.地理集聚会促进企业间商业信用吗[J].管理世界(1):101-114.

王展祥,魏琳,2019.信息共享有利于制造业企业的协同创新吗:基于中国企业营商环境调查数据的实证分析[J].当代财经(10):95-106.

温军,冯根福,2018.风险投资与企业创新:"增值"与"攫取"的权衡视角[J].经济研究,53(2):185-199.

温忠麟,张雷,侯杰泰,等,2004.中介效应检验程序及其应用[J].心理学报,36(5):614-620.

吴超鹏,吴世农,程静雅,等,2012.风险投资对上市公司投融资行为影响的实证研究[J].经济研究,47(1):105-119.

吴超鹏,张媛,2017.风险投资对上市公司股利政策影响的实证研究[J].金融研究(9):178-191.

吴骏,李娅,林润辉,等,2018.风险投资声誉、政治关联与被投资企业绩效:来自中国上市公司的证据[J].科学学与科学技术管理,39(10):41-50.

武力超,陈凤兰,林奇炼,2020.正规与非正规金融对异质性企业技术创新的影响研究[J].经济科学(5):59-71.

武龙,2019.风险投资、认证效应与中小企业银行贷款[J].经济管理,41(2):172-190.

夏清华,乐毅,2021.风险投资促进了中国企业的技术创新吗?[J].科研管理,42(7):189-199.

肖文,薛天航,2019.劳动力成本上升、融资约束与企业全要素生产率变动[J].世界经济,42(1):76-94.

谢德仁,崔宸瑜,汤晓燕,2018.业绩型股权激励下的业绩达标动机和真实盈余管理[J].南开管理评论,21(1):159-171.

修宗峰,刘然,殷敬伟,2021.财务舞弊、供应链集中度与企业商业信用融资[J].会计研究(1):82-99.

徐飞,2019.银行信贷与企业创新困境[J].中国工业经济(1):119-136.

徐思,何晓怡,钟凯,2019."一带一路"倡议与中国企业融资约束[J].中国工业经济(7):155-173.

徐小晶,徐小林,2021.财政补贴对企业商业信用融资的影响研究:基于新能源汽车补贴退坡政策的实证分析[J].南开管理评论,24(3):213-226.

徐晓萍,李猛,2009.商业信用的提供:来自上海市中小企业的证据[J].金融研究(6):161-174.

徐亚琴,翟胜宝,汪顺,2018.企业诚信文化与内部控制有效性:基于A股上市公司的实证研究[J].财务研究(1):12-23.

许昊,万迪昉,徐晋,2015.风险投资背景、持股比例与初创企业研发投入[J].科学学研究,33(10):1547-1554.

许昊,万迪昉,徐晋,2016.风险投资改善了新创企业IPO绩效吗?[J].科研管理,37(1):101-109.

薛菁,林莉,2017.不同背景风险投资机构的中小企业融资服务效率:基于受资企业视角[J].金融论坛,22(7):67-80.

杨胜刚,张一帆,2017.风险投资对企业创新的影响:基于中小板和创业板的研究[J].经济经纬,34(2):147-152.

杨艳萍,王林鑫,2021.研发投入对创业板IPO抑价的影响研究[J].管理评论,33(6):85-97.

姚星,杨孟恺,李雨浓,2019.商业信用能促进中国制造企业创新吗[J].经济科学(3):80-92.

叶小杰,沈维涛,2013.风险投资声誉、联合投资与成功退出[J].山西财经大学学报,35(12):46-55.

于博,毛奤玄,吴菡虹,2019.客户集中度、融资约束与股价崩盘风险[J].广东财经大学学报,34(5):62-75.

于欢,2016.金融危机、财务柔性与商业信用供给[J].山西财经大学学报,38(3):32-44.

余明桂,潘红波,2010.金融发展、商业信用与产品市场竞争[J].管理世界(8):117-129.

余明桂,潘红波,2010.所有权性质、商业信用与信贷资源配置效率[J].经济管理,32(8):106-117.

余明桂,钟慧洁,范蕊,2019.民营化、融资约束与企业创新:来自中国工业企业的证据[J].金融研究(4):75-91.

余琰,罗炜,李怡宗,等,2014.国有风险投资的投资行为和投资成效[J].经济研究,49(2):32-46.

袁蓉丽,文雯,汪利,2014.风险投资和IPO公司董事会治理:基于倾向评分匹配法的分析[J].中国软科学(5):118-128.

袁卫秋,王海姣,于成永,2017.货币政策、社会责任信息披露质量与商业信用模式[J].会计与经济研究,31(1):28-42.

张会丽,邹至伟,2020.大股东股权质押与企业商业信用供给[J].宏观经济研究(11):135-146.

张新民,叶志伟,胡聪慧,2021.产融结合如何服务实体经济:基于商业信用的证据[J].南开管理评论,24(1):4-16.

张璇,刘贝贝,汪婷,等,2017.信贷寻租、融资约束与企业创新[J].经济研究,52(5):161-174.

张学勇,廖理,罗远航,2014.券商背景风险投资与公司IPO抑价:基于信息不对称的视角[J].中国工业经济(11):90-101.

张学勇,张叶青,2016.风险投资、创新能力与公司 IPO 的市场表现[J].经济研究,51(10):112-125.

张勇,2021.诚信纳税与企业商业信用融资:来自中国纳税信用 A 级企业的经验证据[J].金融论坛,26(6):60-70.

张园园,王竹泉,邵艳,2021.经济政策不确定性如何影响企业的商业信用融资?:基于供需双方的探讨[J].财贸研究,32(5):82-97.

张正勇,邓博夫,2018.企业社会责任、货币政策与商业信用融资[J].科研管理,39(5):94-102.

章铁生,段钰,2021.客户集中度、成本粘性与商业信用供给[J].安徽工业大学学报(自然科学版),38(2):219-228.

赵世芳,江旭,应千伟,等,2020.股权激励能抑制高管的急功近利倾向吗:基于企业创新的视角[J].南开管理评论,23(6):76-87.

赵玮,温军,2015.风险投资介入是否可以提高战略性新兴产业的绩效?[J].产业经济研究(2):79-89.

郑军,林钟高,彭琳,2013.高质量的内部控制能增加商业信用融资吗?:基于货币政策变更视角的检验[J].会计研究(6):62-68,96.

周泽将,马静,胡刘芬,2019.经济独立性能否促进监事会治理功能发挥:基于企业违规视角的经验证据[J].南开管理评论,22(6):62-76.

朱永明,贾明娥,2017.市场化进程、融资约束与企业技术创新:基于中国高新技术企业 2010—2014 年数据的分析[J].商业研究(1):49-56.

ABUHOMMOUS A A A, ALMANASEER M,2021. The impact of financial and trade credit on firms market value[J]. The journal of Asian finance, economics and business,8(3):1241-1248.

AMOR S B, KOOLI M,2020. Do M&A exits have the same effect on venture capital reputation than IPO exits?[J]. Journal of banking & finance,111:105704.

AMORNSIRIPANITCH N,GOMPERS P A,XUAN Y H,2019. More than money:venture capitalists on boards[J]. The journal of law,economics, and organization,35(3):513-543.

ARVANITIS S,STUCKI T,2014. The impact of venture capital on the persistence of innovation activities of start-ups[J]. Small business economics,42(4):849-870.

ATANASOV V, IVANOV V, LITVAK K,2012. Does reputation limit opportunistic behavior in the VC industry? evidence from litigation against VCs[J]. The journal of finance,67(6):2215-2246.

ATANASOVA C V,WILSON N,2003. Bank borrowing constraints and the demand for trade credit:evidence from panel data[J]. Managerial and decision economics,24(6/7):503-514.

ATANASOVA C,2007. Access to institutional finance and the use of trade credit[J]. Financial management,36(1):49-67.

BAKER H K,PATTNAIK D,KUMAR S,2022. Trade credit and firm profitability:empirical evidence from India[J]. International journal of finance & economics,27(4):3934-3953.

BAKER M,GOMPERS P A,2003. The determinants of board structure at the initial public offering[J]. The journal of law and economics,46(2):569-598.

BARNEY J B,BUSENITZ L,FIET J O,et al,1989. The structure of venture capital governance:an organizational economic analysis of relations between venture capital firms and new ventures[J]. Academy of management proceedings(1):64-68.

BARON D P,1982. A model of the demand for investment banking advising and distribution services for new issues[J]. The journal of finance,37(4):955-976.

BARROT J N,2016. Trade credit and industry dynamics:evidence from trucking firms[J]. The journal of finance,71(5):1975-2016.

BARRY C B,MUSCARELLA C J,PEAVY J W,et al,1990. The role of venture capital in the creation of public companies[J]. Journal of financial economics,27(2):447-471.

BASTOS R,PINDADO J,2013. Trade credit during a financial crisis:a panel data analysis[J]. Journal of business research,66(5):614-620.

BAYAR O, CHEMMANUR T J, TIAN X, 2020. Peer monitoring,

syndication, and the dynamics of venture capital interactions: theory and evidence[J]. Journal of financial and quantitative analysis, 55(6): 1875-1914.

BENTLEY K A, OMER T C, SHARP N Y, 2013. Business strategy, financial reporting irregularities, and audit effort[J]. Contemporary accounting research, 30(2): 780-817.

BERNSTEIN S, GIROUD X, TOWNSEND R R, 2016. The impact of venture capital monitoring[J]. The journal of finance, 71(4): 1591-1622.

BERTONI F, COLOMBO M G, GRILLI L, 2013. Venture capital investor type and the growth mode of new technology-based firms[J]. Small business economics, 40(3): 527-552.

BIAIS B, GOLLIER C, 1997. Trade credit and credit rationing[J]. Review of financial studies, 10(4): 903-937.

BINKS M R, ENNEW C T, 1996. Growing firms and the credit constraint [J]. Small business economics, 8(1): 17-25.

BOTTAZZI L, DA RIN M, HELLMANN T, 2008. Who are the active investors? Evidence from venture capital[J]. Journal of financial economics, 89(3): 488-512.

BOUGHEAS S, MATEUT S, MIZEN P, 2009. Corporate trade credit and inventories: new evidence of a trade-off from accounts payable and receivable[J]. Journal of banking & finance, 33(2): 300-307.

BRANDER J A, AMIT R, ANTWEILER W, 2002. Venture-capital syndication: improved venture selection vs. the value-added hypothesis [J]. Journal of economics & management strategy, 11(3): 423-452.

BRICK I E, FUNG W K H, 1984. Taxes and the theory of trade debt[J]. The journal of finance, 39(4): 1169-1176.

CAMERINELLI E, 2009. Supply chain finance[J]. Journal of payments strategy & systems, 3(2): 114-128.

CAMPBELL T L, FRYE M B, 2009. Venture capitalist monitoring: evidence from governance structures[J]. The quarterly review of economics and finance, 49(2): 265-282.

CAO F, YE K T, ZHANG N, et al, 2018. Trade credit financing and stock price crash risk[J]. Journal of international financial management & accounting, 29(1):30-56.

CAO Z F, CHEN S X, LEE E, 2022. Does business strategy influence interfirm financing? Evidence from trade credit[J]. Journal of business research, 141:495-511.

CARBÓ-VALVERDE S, RODRÍGUEZ-FERNÁNDEZ F, UDELL G F, 2016. Trade credit, the financial crisis, and SME access to finance[J]. Journal of money, credit and banking, 48(1):113-143.

CARPENTER M A, POLLOCK T G, LEARY M M, 2003. Testing a model of reasoned risk-taking: governance, the experience of principals and agents, and global strategy in high-technology IPO firms[J]. Strategic management journal, 24(9):803-820.

CHEMMANUR T J, KRISHNAN K, NANDY D K, 2011. How does venture capital financing improve efficiency in private firms? A look beneath the surface[J]. The review of financial studies, 24(12): 4037-4090.

CHEN L Z, CHEN Z H, LI J, 2019. Can trade credit maintain sustainable R&D investment of SMEs?: evidence from China[J]. Sustainability, 11 (3):843.

CHO J, LEE J, 2013. The venture capital certification role in R&D: evidence from IPO underpricing in Korea[J]. Pacific-basin finance journal, 23: 83-108.

CHOD J, LYANDRES E, YANG S A, 2019. Trade credit and supplier competition[J]. Journal of financial economics, 131(2):484-505.

COOK L D, 1999. Trade credit and bank finance[J]. Journal of business venturing, 14(5/6):493-518.

CUMMING D, DAI N, 2010. Local bias in venture capital investments[J]. Journal of empirical finance, 17(3):362-380.

CUÑAT V, 2007. Trade credit: suppliers as debt collectors and insurance providers[J]. Review of financial studies, 20(2):491-527.

CZARNITZKI D, HOTTENROTT H, 2011. R&D investment and financing constraints of small and medium-sized firms [J]. Small business economics, 36(1):65-83.

DA SILVA ROSA R, VELAYUTHEN G, WALTER T, 2003. The sharemarket performance of Australian venture capital-backed and non-venture capital-backed IPOs [J]. Pacific-basin finance journal, 11(2):197-218.

DANIELSON M G, SCOTT J A, 2004. Bank loan availability and trade credit demand [J]. Financial review, 39(4):579-600.

DARY S K, JAMES JR H S, 2019. Does investment in trade credit matter for profitability? Evidence from publicly listed agro-food firms [J]. Research in international business and finance, 47:237-250.

DELOOF M, 2003. Does working capital management affect profitability of Belgian firms? [J]. Journal of business finance & accounting, 30(3/4):573-588.

DELOOF M, JEGERS M, 1996. Trade credit, product quality, and intragroup trade: some European evidence [J]. Financial management, 25(3):33-43.

DELOOF M, JEGERS M, 1999. Trade credit, corporate groups, and the financing of Belgian firms [J]. Journal of business finance & accounting, 26(7/8):945-966.

DMELLO R, TOSCANO F, 2020. Economic policy uncertainty and short-term financing: the case of trade credit [J]. Journal of corporate finance, 64:101686.

DOLVIN S D, PYLES M K, 2006. Venture capitalist quality and IPO certification [J]. Venture capital, 8(4):353-371.

DUSHNITSKY G, LENOX M J, 2006. When does corporate venture capital investment create firm value? [J]. Journal of business venturing, 21(6):753-772.

EISENHARDT K M, MARTIN J A, 2000. Dynamic capabilities: what are they? [J]. Strategic management journal, 21(10/11):1105-1121.

EMERY G W,1987. An optimal financial response to variable demand[J]. Journal of financial and quantitative analysis,22(2):209-225.

ENGEL D,2002. The impact of venture capital on firm growth:an empirical investigation[J]. ZEW Discussion Papers,2(2).

FABBRI D,KLAPPER L F,2016. Bargaining power and trade credit[J]. Journal of corporate finance,41:66-80.

FABBRI D,KLAPPER L,2008. Market power and the matching of trade credit terms[R]. World Bank Policy research working paper,(47-54).

FABBRI D,MENICHINI A M C,2010. Trade credit,collateral liquidation, and borrowing constraints[J]. Journal of financial economics,96(3): 413-432.

FAMA E F,JENSEN M C,1983. Separation of ownership and control[J]. The journal of law and economics,26(2):301-325.

FENG X N,CHAN K C,LO Y L,2020. Are venture capitalist-backed IPOs more innovative? Evidence from an emerging market[J]. The north American journal of economics and finance,51:100839.

FERRANDO A,MULIER K,2013. Do firms use the trade credit channel to manage growth?[J]. Journal of banking & finance,37(8):3035-3046.

FERRIS J S,1981. A transactions theory of trade credit use[J]. The quarterly journal of economics,96(2):243-270.

FISMAN R, LOVE I, 2003. Trade credit, financial intermediary development,and industry growth[J]. The journal of finance,58(1): 353-374.

FISMAN R, RATURI M, 2004. Does competition encourage credit provision? evidence from African trade credit relationships[J]. Review of economics and statistics,86(1):345-352.

GARCÍA-TERUEL P J,MARTÍNEZ-SOLANO P,2010. Determinants of trade credit:a comparative study of European SMEs[J]. International small business journal,28(3):215-233.

GE Y,QIU J P,2007. Financial development,bank discrimination and trade credit[J]. Journal of banking & finance,31(2):513-530.

GOMPERS P A, 1996. Grandstanding in the venture capital industry[J]. Journal of financial economics, 42(1):133-156.

GOMPERS P A, GORNALL W, KAPLAN S N, et al, 2020. How do venture capitalists make decisions? [J]. Journal of financial economics, 135(1):169-190.

GORMAN M, SAHLMAN W A, 1989. What do venture capitalists do? [J]. Journal of business venturing, 4(4):231-248.

GRANOVETTER M, 1985. Economic action and social structure: the problem of embeddedness[J]. American journal of sociology, 91(3):481-510.

GRINBLATT M, HWANG C Y, 1989. Signalling and the pricing of new issues[J]. The journal of finance, 44(2):393-420.

GUISO L, SAPIENZA P, ZINGALES L, 2015. The value of corporate culture[J]. Journal of financial economics, 117(1):60-76.

GUO R J, LEV B, ZHOU N, 2004. Competitive costs of disclosure by biotech IPOs[J]. Journal of accounting research, 42(2):319-355.

GUPTA A, RAMAN K, SHANG C G, 2018. Social capital and the cost of equity[J]. Journal of banking & finance, 87:102-117.

HAMBRICK D C, 1983. Some tests of the effectiveness and functional attributes of Miles and Snows strategic types [J]. Academy of management journal, 26(1):5-26.

HAMDOUNI A, 2015. Syndication and firm performance: evidence from French VC-backed firms[J]. European journal of social sciences, 46(4):338-349.

HARABI N, 1998. Innovation through vertical relations between firms, suppliers and customers: a study of German firms[J]. Industry and innovation, 5(2):157-179.

HELLMANN T, PURI M J, 2002. Venture capital and the professionalization of start-up firms: empirical evidence[J]. The journal of finance, 57(1):169-197.

HILL M D, KELLY G W, LOCKHART G B, 2012. Shareholder returns from supplying trade credit[J]. Financial management,41(1):255-280.

HOCHBERG Y V,LJUNGQVIST A,LU Y,2007. Whom you know matters:venture capital networks and investment performance[J]. The journal of finance,62(1):251-301.

HOGARTH-SCOTT S,1999. Retailer-supplier partnerships:hostages to fortune or the way forward for the millennium?[J]. British food journal,101(9):668-682.

HOTTENROTT H,PETERS B,2012. Innovative capability and financing constraints for innovation:more money,more innovation?[J]. Review of economics and statistics,94(4):1126-1142.

HSU D H,2004. What do entrepreneurs pay for venture capital affiliation?[J]. The journal of finance,59(4):1805-1844.

HU M,MOU J Y,TUILAUTALA M,2020. How trade credit affects mergers and acquisitions[J]. International review of economics & finance,67:1-12.

HUANG H B,LI R,BAI Y,2019. Investor sentiment,market competition and trade credit supply[J]. China finance review international,9(2):284-306.

HUANG J,XIE P J,ZENG Y T,et al,2021. The effect of corporate social responsibility on the technology innovation of high-growth business organizations[J]. Sustainability,13(13):7286.

ITZKOWITZ J,2013. Customers and cash:how relationships affect suppliers' cash holdings[J]. Journal of corporate finance,19:159-180.

JEPPSSON H,2018. Initial public offerings,subscription precommitments and venture capital participation[J]. Journal of corporate finance,50:650-668.

JOHNSEN T E,2009. Supplier involvement in new product development and innovation:taking stock and looking to the future[J]. Journal of purchasing and supply management,15(3):187-197.

JORY S R,KHIEU H D,NGO T N,et al,2020. The influence of economic policy uncertainty on corporate trade credit and firm value[J].

Journal of corporate finance,64:101671.

KANG J K, LI Y X, OH S, 2018. Geographic concentration of venture capital investors, corporate monitoring, and firm performance[J]. SSRN electronic journal:1-60.

KAPLAN S N, STRÖMBERG P, 2004. Characteristics, contracts, and actions: evidence from venture capitalist analyses[J]. The journal of finance,59(5):2177-2210.

KATTI S, RAITHATHA M, 2020. Impact of venture capital investment on firm performance: an Indian evidence[J]. Global business review,21(4):1011-1024.

KRISHNAN C N V, IVANOV V I, MASULIS R W, et al, 2011. Venture capital reputation, post-IPO performance, and corporate governance[J]. Journal of financial and quantitative analysis,46(5):1295-1333.

LEE H H, ZHOU J E, WANG J Q, 2018. Trade credit financing under competition and its impact on firm performance in supply chains[J]. Manufacturing & service operations management,20(1):36-52.

LEE P M, WAHAL S, 2004. Grandstanding, certification and the underpricing of venture capital backed IPOs[J]. Journal of financial economics,73(2):375-407.

LEE Y W, STOWE J D, 1993. Product risk, asymmetric information, and trade credit[J]. Journal of financial and quantitative analysis,28(2):285-300.

LERNER J, 1995. Venture capitalists and the oversight of private firms[J]. The journal of finance,50(1):301-318.

LERNER J, 1994. The syndication of venture capital investments[J]. Financial management,23(3):16-27.

LEWELLEN W G, MCCONNELL J J, SCOTT J A, 1980. Capital market influences on trade credit policies[J]. Journal of financial research,3(2):105-113.

LONG M S, MALITZ I B, RAVID S A, 1993. Trade credit, quality guarantees, and product marketability[J]. Financial management,22(4):

117-127.

LOVE I, PREVE L A, SARRIA-ALLENDE V, 2007. Trade credit and bank credit: evidence from recent financial crises[J]. Journal of financial economics, 83(2): 453-469.

LU C S, KAO L, CHEN A, 2012. The effects of R&D, venture capital, and technology on the underpricing of IPOs in Taiwan[J]. Review of quantitative finance and accounting, 39(4): 423-445.

MALONE T W, CROWSTON K, 1994. The interdisciplinary study of coordination[J]. ACM Computing Surveys (CSUR), 26(1): 87-119.

MARTÍ J, QUAS A, 2018. A beacon in the night: government certification of SMEs towards banks[J]. Small business economics, 50(2): 397-413.

MARTÍNEZ-SOLA C, GARCÍA-TERUEL P J, MARTÍNEZ-SOLANO P, 2014. Trade credit and SME profitability[J]. Small business economics, 42(3): 561-577.

MATOUSEK R, PANOPOULOU E, PAPACHRISTOPOULOU A, 2020. Policy uncertainty and the capital shortfall of global financial firms[J]. Journal of corporate finance, 62: 101558.

MEGGINSON W L, WEISS K A, 1991. Venture capitalist certification in initial public offerings[J]. The journal of finance, 46(3): 879-903.

MILES R E, SNOW C C, MEYER A D, et al, 1978. Organizational strategy, structure, and process[J]. Academy of management review, 3(3): 546-562.

MILOEVI D, POPOVI J, AVAKUMOVIĆ J, et al, 2020. The impact of the equity capital and trade credit financial sources on the company's performances sustainability[J]. Ekonomika poljoprivrede, 67(3): 735-746.

MORSFIELD S G, TAN C E, 2006. Do venture capitalists influence the decision to manage earnings in initial public offerings?[J]. The accounting review, 81(5): 1119-1150.

NAHATA R, 2007. Venture capital reputation and investment performance[J]. Journal of financial economics, 90(2): 127-151.

NGUYEN G, VU L, 2021. Does venture capital syndication affect mergers and acquisitions? [J]. Journal of corporate finance, 67: 101851.

NILSEN J H, 2002. Trade credit and the bank lending channel[J]. Journal of money, credit and banking, 34(1): 226-253.

PAN A, XU L, LI B, et al, 2020. The impact of supply chain finance on firm cash holdings: evidence from China[J]. Pacific basin finance journal, 63: 101402.

PATATOUKAS P N, 2012. Customer-base concentration: implications for firm performance and capital markets[J]. The accounting review, 87(2): 363-392.

PETERSEN M A, RAJAN R G, 1997. Trade credit: theories and evidence [J]. The review of financial studies, 10(3): 661-691.

PIKE R, CHENG N S, 2001. Credit management: an examination of policy choices, practices and late payment in UK companies[J]. Journal of business finance & accounting, 28(7/8): 1013-1042.

PROKSCH D, STRANZ W, RÖHR N, et al, 2017. Value-adding activities of venture capital companies: a content analysis of investor's original documents in Germany[J]. Venture capital, 19(3): 129-146.

RAJAN R G, ZINGALES L, 1995. What do we know about capital structure? some evidence from international data[J]. The journal of finance, 50(5): 1421-1460.

REHMAN M A, 2016. A review of impact of trade credit on firm's profitability: a study of non-financial firms in Pakistan[J]. Journal of poverty, investment and development, 25: 33-36.

REID G C, SMITH J A, 2003. Post-investment performance appraisal[J]. The journal of private equity, 7(1): 36-49.

RING P S, VAN DE VEN A H, 1992. Structuring cooperative relationships between organizations[J]. Strategic management journal, 13(7): 483-498.

RITTER J R, WELCH I, 2002. A review of IPO activity, pricing, and allocations[J]. The journal of finance, 57(4): 1795-1828.

ROSENBAUM P R, RUBIN D B, 1983. The central role of the propensity score in observational studies for causal effects[J]. Biometrika,70(1): 41-55.

SAHLMAN W A,1990. The structure and governance of venture-capital organizations[J]. Journal of financial economics,27(2):473-521.

CANTERO SÁIZ M,SANFILIPPO AZOFRA S,TORRE OLMO B,et al, 2017. Trade credit, sovereign risk and monetary policy in Europe[J]. International review of economics & finance,52:39-54.

SAPIENZA H J,1992. When do venture capitalists add value?[J]. Journal of business venturing,7(1):9-27.

SHAN H M, LI Y, SHI J,2020. Influence of supply chain collaborative innovation on sustainable development of supply chain: a study on Chinese enterprises[J]. Sustainability,12(7):2978.

SMITH J K,1987. Trade credit and informational asymmetry[J]. The journal of finance,42(4):863-872.

SONNE L,2012. Innovative initiatives supporting inclusive innovation in India: social business incubation and micro venture capital [J]. Technological forecasting and social change,79(4):638-647.

SOOSAY C A, HYLAND P W, FERRER M, 2008. Supply chain collaboration: capabilities for continuous innovation[J]. Supply chain management,13(2):160-169.

STIGLITZ J E,WEISS A,1981. Credit rationing in markets with imperfect information[J]. The American economic review,71(3):393-410.

STUART T E, HOANG H, HYBELS R C, 1999. Interorganizational endorsements and the performance of entrepreneurial ventures [J]. Administrative science quarterly,44(2):315-349.

STUCK B, WEINGARTEN M, 2005. How venture capital thwarts innovation[J]. IEEE Spectrum,42(4):50-55.

SU J, SUN Y F, 2011. Informal finance, trade credit and private firm performance[J]. Nankai business review international,2(4):383-401.

SUCHARD J A, 2009. The impact of venture capital backing on the corporate governance of Australian initial public offerings[J]. Journal of banking & finance,33(4):765-774.

SUMMERS B,WILSON N,2002. An empirical investigation of trade credit demand[J]. International journal of the economics of business,9(2):257-270.

TANG Y, 2014. Trade credit and profitability in small and medium enterprises[D]. Enschede:University of Twente.

TIAN X,2012. The role of venture capital syndication in value creation for entrepreneurial firms[J]. Review of finance,16(1):245-283.

TIAN X, UDELL G F, YU X Y, 2016. Disciplining delegated monitors: when venture capitalists fail to prevent fraud by their IPO firms[J]. Journal of accounting and economics,61(2/3):526-544.

TIAN X,WANG T Y,2014. Tolerance for failure and corporate innovation [J]. The review of financial studies,27(1):211-255.

TRAN D T T,PHAN H V,2022. Government economic policy uncertainty and corporate debt contracting[J]. International review of finance,22(1):169-199.

TSURUTA D,2013. Credit contagion and trade credit:evidence from small business data in Japan[J]. Asian economic journal,27(4):341-367.

VAN DEN BOGAERD M,AERTS W,2014. Media reputation of a firm and extent of trade credit supply[J]. Corporate reputation review,17(1):28-45.

WANG P,XIE L L,WANG D,2022. Corporate tax integrity and the market reactions to covid-19:evidence from China[J]. Emerging markets finance and trade,58(1):24-34.

WILLIAMSON O E, 1983. Organization form, residual claimants, and corporate control[J]. The journal of law and economics,26(2):351-366.

WILNER B S,2000. The exploitation of relationships in financial distress: the case of trade credit[J]. The journal of finance,55(1):153-178.

WILSON N, SUMMERS B, 2002. Trade credit terms offered by small firms:survey evidence and empirical analysis[J]. Journal of business finance & accounting,29(3/4):317-351.

WU S R, GONG G M, HUANG X, et al, 2022. The interaction between suppliers and fraudulent customer firms: evidence from trade credit financing of Chinese listed firms[J]. Journal of business ethics, 179(2): 531-550.

WU W F, FIRTH M, RUI O M, 2014. Trust and the provision of trade credit[J]. Journal of banking & finance, 39: 146-159.

WUTTKE D A, BLOME C, HENKE M, 2013. Focusing the financial flow of supply chains: an empirical investigation of financial supply chain management[J]. International journal of production economics, 145(2): 773-789.

XIA C Y, ZHANG X W, CAO C F, et al, 2019. Independent director connectedness in China: an examination of the trade credit financing hypothesis[J]. International review of economics & finance, 63: 209-225.

XU Z X, 2020. Economic policy uncertainty, cost of capital, and corporate innovation[J]. Journal of banking & finance, 111: 105698.

YANG X L, 2011. Trade credit versus bank credit: evidence from corporate inventory financing[J]. The quarterly review of economics and finance, 51(4): 419-434.

YANG Y, NARAYANAN V K, DE CAROLIS D M, 2014. The relationship between portfolio diversification and firm value: the evidence from corporate venture capital activity[J]. Strategic management journal, 35(13): 1993-2011.

YAZDANFAR D, ÖHMAN P, 2015. The impact of credit supply on sales growth: Swedish evidence[J]. International journal of managerial finance, 11(3): 329-340.

YAZDANFAR D, ÖHMAN P, 2017. Substitute or complement? The use of trade credit as a financing source among SMEs[J]. Management research review, 40(1): 10-27.

YLI-RENKO H, AUTIO E, TONTTI V, 2002. Social capital, knowledge, and the international growth of technology-based new firms[J]. International business review, 11(3): 279-304.

ZU KNYPHAUSEN-AUFSESS D,2005. Corporate venture capital:who adds value? [J]. Venture capital:an international journal of entrepreneurial finance,7(1):23-49.

附录

倾向得分匹配变量均衡性检验结果

表1 基于TCS的匹配变量均衡性检验结果——最近邻匹配法

变量	匹配状态	均值 实验组	均值 控制组	偏差 偏差比例/%	偏差 减少幅度	T检验 t值	T检验 p值
Size	匹配前	21.992	21.979	1.1		0.72	0.471
	匹配后	21.993	21.972	1.6	−54.3	0.91	0.364
Top1	匹配前	32.968	36.346	−22.9		−15.23	0.000
	匹配后	32.976	32.699	1.9	91.8	1.06	0.289
Level	匹配前	42.526	45.967	−16.8		−11.39	0.000
	匹配后	42.521	42.303	1.1	93.7	0.58	0.562
Cash	匹配前	6.220	7.961	−7.8		−5.39	0.000
	匹配后	6.208	6.678	−2.1	73	−1.14	0.254
ROA	匹配前	3.662	3.498	2.8		1.90	0.058
	匹配后	3.662	3.702	−0.7	75.5	−0.37	0.709
Groth	匹配前	0.250	0.181	14.7		10.46	0.000
	匹配后	0.250	0.241	1.9	87.1	0.95	0.34
Age	匹配前	15.022	14.866	2.8		1.95	0.052
	匹配后	15.017	15.003	0.2	91.5	0.13	0.895
PPE	匹配前	21.697	24.806	−18.5		−12.31	0.000
	匹配后	21.702	21.791	−0.5	97.1	−0.3	0.761
Invent	匹配前	14.541	16.019	−10.7		−7.11	0.000
	匹配后	14.548	14.507	0.3	97.2	0.17	0.863
FER	匹配前	0.701	0.881	−15.8		−10.62	0.000
	匹配后	0.701	0.692	0.8	94.8	0.46	0.649
GPM	匹配前	5.406	4.344	5.8		3.98	0.000
	匹配后	5.408	5.352	0.3	94.7	0.17	0.864

（注：根据研究需要，表中数据均值保留3位小数，偏差保留1位小数，t值保留2位小数，p值保留3位小数。下同）

附录 倾向得分匹配变量均衡性检验结果

表2 基于TCS的匹配变量均衡性检验结果——核匹配法

变量	匹配状态	均值		偏差		T检验	
		实验组	控制组	偏差比例/%	减少幅度	t值	p值
Size	匹配前	21.992	21.979	1.1		0.72	0.471
	匹配后	21.979	21.965	1.0	1.5	0.57	0.571
Top1	匹配前	32.968	36.346	−22.9		−15.23	0.000
	匹配后	33.318	33.071	1.7	92.7	0.93	0.351
Level	匹配前	42.526	45.967	−16.8		−11.39	0.000
	匹配后	42.601	42.382	1.1	93.7	0.57	0.569
Cash	匹配前	6.220	7.961	−7.8		−5.39	0.000
	匹配后	6.840	6.966	−0.6	92.7	−0.32	0.748
ROA	匹配前	3.662	3.498	2.8		1.90	0.058
	匹配后	3.711	3.674	0.6	77.8	0.34	0.733
Groth	匹配前	0.250	0.181	14.7		10.46	0.000
	匹配后	0.225	0.213	2.5	82.9	1.40	0.161
Age	匹配前	15.022	14.866	2.8		1.95	0.052
	匹配后	15.039	15.149	−2.0	29.8	−1.07	0.286
PPE	匹配前	21.697	24.806	−18.5		−12.31	0.000
	匹配后	22.086	22.033	0.3	98.3	0.18	0.859
Invent	匹配前	14.541	16.019	−10.7		−7.11	0.000
	匹配后	14.765	14.844	−0.6	94.6	−0.33	0.745
FER	匹配前	0.701	0.881	−15.8		−10.62	0.000
	匹配后	0.711	0.701	0.9	94.0	0.51	0.610
GPM	匹配前	5.406	4.344	5.8		3.98	0.000
	匹配后	5.401	5.075	1.8	69.3	0.99	0.324

表 3　基于 TCSDur 的匹配变量均衡性检验结果——最近邻匹配法

变量	匹配状态	均值 实验组	均值 控制组	偏差 偏差比例/%	偏差 减少幅度	T 检验 t 值	T 检验 p 值
Size	匹配前	21.938	21.876	5.2		3.55	0.000
	匹配后	21.937	21.944	−0.6	89.4	−0.31	0.756
Top1	匹配前	32.774	35.786	−20.7		−13.71	0.000
	匹配后	32.778	32.697	0.6	97.3	0.32	0.751
Level	匹配前	41.510	45.020	−17.2		−11.50	0.000
	匹配后	41.509	41.119	1.9	88.9	1.06	0.289
Cash	匹配前	6.299	7.833	−7.0		−4.79	0.000
	匹配后	6.320	6.432	−0.5	92.7	−0.28	0.781
ROA	匹配前	3.701	3.362	5.7		3.85	0.000
	匹配后	3.702	3.731	−0.5	91.5	−0.27	0.789
Groth	匹配前	0.249	0.179	15.1		10.55	0.000
	匹配后	0.249	0.233	3.5	76.6	1.86	0.063
Age	匹配前	15.351	15.155	3.5		2.36	0.019
	匹配后	15.350	15.358	−0.1	95.9	−0.08	0.937
PPE	匹配前	20.833	23.619	−17.2		−11.39	0.000
	匹配后	20.837	21.314	−3.0	82.9	−1.70	0.089
Invent	匹配前	14.520	15.930	−10.3		−6.85	0.000
	匹配后	14.523	14.301	1.6	84.3	0.95	0.342
FER	匹配前	0.653	0.842	−16.8		−11.19	0.000
	匹配后	0.653	0.648	0.5	97.2	0.27	0.791
GPM	匹配前	5.342	3.952	7.4		5.04	0.000
	匹配后	5.343	5.408	−0.3	95.3	−0.20	0.843

附录 倾向得分匹配变量均衡性检验结果

表 4 基于 TCSDur 的匹配变量均衡性检验结果——核匹配法

变量	匹配状态	均值		偏差		T 检验	
		实验组	控制组	偏差比例/%	减少幅度	t 值	p 值
Size	匹配前	21.938	21.876	5.2		3.55	0.000
	匹配后	21.913	21.899	1.2	77.2	0.66	0.509
Top1	匹配前	32.774	35.786	−20.7		−13.71	0.000
	匹配后	33.146	33.159	−0.1	99.6	−0.05	0.959
Level	匹配前	41.510	45.020	−17.2		−11.5	0.000
	匹配后	41.535	41.354	0.9	94.9	0.48	0.629
Cash	匹配前	6.299	7.833	−7.0		−4.79	0.000
	匹配后	6.935	6.670	1.2	82.7	0.68	0.497
ROA	匹配前	3.701	3.362	5.7		3.85	0.000
	匹配后	3.707	3.735	−0.5	91.8	−0.26	0.795
Groth	匹配前	0.249	0.179	15.1		10.55	0.000
	匹配后	0.226	0.209	3.8	75	2.15	0.032
Age	匹配前	15.351	15.155	3.5		2.36	0.019
	匹配后	15.359	15.393	−0.6	82.4	−0.33	0.74
PPE	匹配前	20.833	23.619	−17.2		−11.39	0.000
	匹配后	21.213	21.330	−0.7	95.8	−0.41	0.679
Invent	匹配前	14.520	15.930	−10.3		−6.85	0.000
	匹配后	14.816	14.747	0.5	95.1	0.29	0.775
FER	匹配前	0.653	0.842	−16.8		−11.19	0.000
	匹配后	0.663	0.659	0.4	97.8	0.20	0.838
GPM	匹配前	5.342	3.952	7.4		5.04	0.000
	匹配后	5.208	5.214	0.0	99.6	−0.02	0.987

表 5 基于 TCD 的匹配变量均衡性检验结果——最近邻匹配法

变量	匹配状态	均值 实验组	均值 控制组	偏差 偏差比例/%	偏差 减少幅度	T 检验 t 值	T 检验 p 值
Size	匹配前	21.998	21.992	0.5		0.30	0.764
	匹配后	21.998	22.012	−1.0	−119.9	−0.53	0.596
Top1	匹配前	33.063	36.603	−24.0		−15.12	0.000
	匹配后	33.068	33.36	−2.0	91.7	−1.06	0.289
Level	匹配前	43.637	47.199	−17.5		−11.25	0.000
	匹配后	43.633	43.235	2.0	88.8	1.01	0.313
Cash	匹配前	5.9578	7.683	−7.7		−5.01	0.000
	匹配后	5.9556	5.681	1.2	84.1	0.63	0.527
ROA	匹配前	3.4553	3.393	1.1		0.68	0.494
	匹配后	3.4579	3.668	−3.6	−237.8	−1.88	0.06
Groth	匹配前	0.239	0.1778	13.2		8.88	0.000
	匹配后	0.239	0.221	3.8	71.4	1.88	0.06
Age	匹配前	14.775	14.671	1.9		1.24	0.216
	匹配后	14.772	14.824	−0.9	50.0	−0.49	0.627
PPE	匹配前	22.190	25.045	−17.0		−10.66	0.000
	匹配后	22.193	22.162	0.2	98.9	0.10	0.919
Invent	匹配前	15.097	16.549	−10.3		−6.43	0.000
	匹配后	15.101	15.142	−0.3	97.2	−0.16	0.873
FER	匹配前	0.729	0.914	−16.0		−10.21	0.000
	匹配后	0.729	0.704	2.2	86.4	1.14	0.252
GPM	匹配前	4.849	4.161	3.8		2.46	0.014
	匹配后	4.856	5.082	−1.3	66.5	−0.68	0.498

附录 倾向得分匹配变量均衡性检验结果

表6 基于TCD的匹配变量均衡性检验结果——核匹配法

变量	匹配状态	均值		偏差		T检验	
		实验组	控制组	偏差比例/%	减少幅度	t值	p值
Size	匹配前	21.998	21.992	0.5		0.30	0.764
	匹配后	21.986	21.983	0.3	39.8	0.14	0.886
Top1	匹配前	33.063	36.603	−24.0		−15.12	0.000
	匹配后	33.485	33.392	0.6	97.4	0.33	0.74
Level	匹配前	43.637	47.199	−17.5		−11.25	0.000
	匹配后	43.827	43.557	1.3	92.4	0.67	0.505
Cash	匹配前	5.958	7.683	−7.7		−5.01	0.000
	匹配后	6.550	6.703	−0.7	91.1	−0.37	0.714
ROA	匹配前	3.455	3.393	1.1		0.68	0.494
	匹配后	3.500	3.652	−2.6	−144.8	−1.36	0.173
Groth	匹配前	0.239	0.178	13.2		8.88	0.000
	匹配后	0.215	0.206	2.0	84.7	1.07	0.285
Age	匹配前	14.775	14.671	1.9		1.24	0.216
	匹配后	14.815	14.875	−1.1	42.4	−0.55	0.585
PPE	匹配前	22.190	25.045	−17.0		−10.66	0.000
	匹配后	22.604	22.534	0.4	97.6	0.22	0.826
Invent	匹配前	15.097	16.549	−10.3		−6.43	0.000
	匹配后	15.357	15.304	0.4	96.4	0.20	0.843
FER	匹配前	0.729	0.914	−16.0		−10.21	0.000
	匹配后	0.747	0.722	2.1	86.6	1.09	0.275
GPM	匹配前	4.849	4.161	3.8		2.46	0.014
	匹配后	4.821	4.982	−0.9	76.6	−0.47	0.641

表 7 基于 TCDDur 的匹配变量均衡性检验结果——最近邻匹配法

变量	匹配状态	均值		偏差		T 检验	
		实验组	控制组	偏差比例/%	减少幅度	t 值	p 值
Size	匹配前	21.831	21.809	1.9		0.84	0.401
	匹配后	21.829	21.835	−0.5	72.6	−0.19	0.849
Top1	匹配前	32.438	35.935	−23.9		−10.58	0.000
	匹配后	32.467	31.685	5.3	77.7	2.04	0.041
Level	匹配前	41.23	44.859	−17.5		−7.88	0.000
	匹配后	41.224	41.462	−1.1	93.4	−0.42	0.676
Cash	匹配前	5.891	7.36	−6.6		−2.96	0.003
	匹配后	5.991	5.838	0.7	89.6	0.25	0.805
ROA	匹配前	3.630	3.647	−0.3		−0.13	0.893
	匹配后	3.627	3.559	1.2	−295.6	0.43	0.671
Groth	匹配前	0.265	0.197	13.9		6.59	0.000
	匹配后	0.259	0.229	6.1	56.1	2.22	0.027
Age	匹配前	14.734	14.527	3.6		1.66	0.097
	匹配后	14.735	14.695	0.7	80.7	0.25	0.800
PPE	匹配前	21.188	24.177	−18.1		−7.98	0.000
	匹配后	21.224	21.057	1.0	94.4	0.38	0.700
Invent	匹配前	14.797	16.228	−10.3		−4.51	0.000
	匹配后	14.817	15.225	−2.9	71.5	−1.12	0.264
FER	匹配前	0.684	0.856	−14.6		−6.55	0.000
	匹配后	0.685	0.665	1.7	88.3	0.63	0.530
GPM	匹配前	5.657	4.435	6.6		2.97	0.003
	匹配后	5.630	5.808	−1.0	85.4	−0.36	0.717

附录　倾向得分匹配变量均衡性检验结果

表8　基于 TCDDur 的匹配变量均衡性检验结果——核匹配法

变量	匹配状态	均值		偏差		T 检验	
		实验组	控制组	偏差比例/%	减少幅度	t 值	p 值
Size	匹配前	21.831	21.809	1.9		0.84	0.401
	匹配后	21.814	21.820	−0.5	74.1	−0.17	0.866
Top1	匹配前	32.438	35.935	−23.9		−10.58	0.000
	匹配后	33.262	32.899	2.5	89.6	0.90	0.371
Level	匹配前	41.230	44.859	−17.5		−7.88	0.000
	匹配后	41.809	42.246	−2.1	88.0	−0.73	0.463
Cash	匹配前	5.891	7.360	−6.6		−2.96	0.003
	匹配后	6.486	6.232	1.1	82.7	0.40	0.688
ROA	匹配前	3.630	3.647	−0.3		−0.13	0.893
	匹配后	3.750	3.542	3.6	−1097.5	1.26	0.209
Groth	匹配前	0.265	0.197	13.9		6.59	0.000
	匹配后	0.224	0.213	2.4	82.9	0.92	0.356
Age	匹配前	14.734	14.527	3.6		1.66	0.097
	匹配后	14.701	14.835	−2.3	35.2	−0.81	0.417
PPE	匹配前	21.188	24.177	−18.1		−7.98	0.000
	匹配后	21.930	21.827	0.6	96.6	0.23	0.821
Invent	匹配前	14.797	16.228	−10.3		−4.51	0.000
	匹配后	15.140	15.227	−0.6	94.0	−0.23	0.821
FER	匹配前	0.684	0.856	−14.6		−6.55	0.000
	匹配后	0.717	0.714	0.2	98.4	0.08	0.934
GPM	匹配前	5.657	4.435	6.6		2.97	0.003
	匹配后	5.653	5.239	2.2	66.1	0.81	0.418

表 9　基于 PT 的匹配变量均衡性检验结果——最近邻匹配

变量	匹配状态	均值		偏差		T 检验	
		实验组	控制组	偏差比例/%	减少幅度	t 值	p 值
Size	匹配前	21.990	21.954	2.9		2.10	0.036
	匹配后	21.990	21.959	2.5	14.3	1.49	0.137
Top1	匹配前	32.931	35.925	−20.5		−14.49	0.000
	匹配后	32.935	32.620	2.2	89.5	1.32	0.187
Level	匹配前	41.884	45.375	−17		−12.19	0.000
	匹配后	41.886	41.569	1.5	90.9	0.91	0.363
Cash	匹配前	6.725	8.077	−5.7		−4.13	0.000
	匹配后	6.760	6.735	0.1	98.2	0.06	0.951
ROA	匹配前	3.704	3.441	4.4		3.14	0.002
	匹配后	3.704	3.674	0.5	88.5	0.30	0.765
Groth	匹配前	0.244	0.179	13.8		10.31	0.000
	匹配后	0.244	0.233	2.3	83.2	1.29	0.198
Age	匹配前	15.683	15.578	1.8		1.33	0.182
	匹配后	15.683	15.707	−0.4	76.2	−0.26	0.796
PPE	匹配前	20.978	23.838	−17.1		−12.06	0.000
	匹配后	20.984	20.564	2.5	85.3	1.58	0.115
Invent	匹配前	14.476	16.171	−11.8		−8.31	0.000
	匹配后	14.478	14.669	−1.3	88.8	−0.84	0.402
FER	匹配前	0.659	0.836	−15.9		−11.30	0.000
	匹配后	0.659	0.638	1.8	88.6	1.10	0.273
GPM	匹配前	5.288	4.144	5.8		4.19	0.000
	匹配后	5.286	4.885	2.0	64.9	1.21	0.228

附录 倾向得分匹配变量均衡性检验结果

表 10 基于 PT 的匹配变量均衡性检验结果——核匹配

变量	匹配状态	均值		偏差		T 检验	
		实验组	控制组	偏差比例/%	减少幅度	t 值	p 值
Size	匹配前	21.990	21.954	2.9		2.10	0.036
	匹配后	21.975	21.971	0.3	88.1	0.20	0.839
Top1	匹配前	32.931	35.925	−20.5		−14.49	0.000
	匹配后	33.257	33.176	0.6	97.3	0.34	0.737
Level	匹配前	41.884	45.375	−17.0		−12.19	0.000
	匹配后	41.944	41.993	−0.2	98.6	−0.14	0.89
Cash	匹配前	6.725	8.077	−5.7		−4.13	0.000
	匹配后	7.255	7.155	0.4	92.6	0.26	0.798
ROA	匹配前	3.704	3.441	4.4		3.14	0.002
	匹配后	3.715	3.682	0.6	87.3	0.33	0.745
Groth	匹配前	0.244	0.179	13.8		10.31	0.000
	匹配后	0.222	0.209	2.8	79.4	1.71	0.087
Age	匹配前	15.683	15.578	1.8		1.33	0.182
	匹配后	15.729	15.754	−0.4	76.2	−0.26	0.799
PPE	匹配前	20.978	23.838	−17.1		−12.06	0.000
	匹配后	21.295	21.245	0.3	98.3	0.18	0.855
Invent	匹配前	14.476	16.171	−11.8		−8.31	0.000
	匹配后	14.686	14.797	−0.8	93.5	−0.48	0.633
FER	匹配前	0.659	0.836	−15.9		−11.3	0.000
	匹配后	0.669	0.665	0.3	98.1	0.18	0.856
GPM	匹配前	5.288	4.144	5.8		4.19	0.000
	匹配后	5.192	4.882	1.6	72.9	0.93	0.352

表 11 基于 SPT 的匹配变量均衡性检验结果——最近邻匹配

变量	匹配状态	均值		偏差		T 检验	
		实验组	控制组	偏差比例/%	减少幅度	t 值	p 值
Size	匹配前	22.026	22.006	1.5		1.12	0.263
	匹配后	22.026	22.022	0.3	78.7	0.20	0.845
Top1	匹配前	33.048	36.266	−21.9		−15.56	0.000
	匹配后	33.052	32.896	1.1	95.2	0.64	0.521
Level	匹配前	42.327	45.639	−16.1		−11.62	0.000
	匹配后	42.314	41.978	1.6	89.9	0.96	0.335
Cash	匹配前	6.615	8.243	−6.9		−5.05	0.000
	匹配后	6.607	7.069	−2.0	71.6	−1.14	0.254
ROA	匹配前	3.650	3.480	2.8		2.05	0.041
	匹配后	3.652	3.690	−0.6	77.6	−0.38	0.707
Groth	匹配前	0.241	0.179	13.2		9.94	0.000
	匹配后	0.241	0.245	−0.8	94.1	−0.42	0.671
Age	匹配前	15.652	15.480	3.0		2.20	0.028
	匹配后	15.645	15.861	−3.8	−26.0	−2.24	0.025
PPE	匹配前	21.239	24.214	−17.7		−12.49	0.000
	匹配后	21.248	21.368	−0.7	96.0	−0.44	0.662
Invent	匹配前	14.526	16.021	−10.5		−7.44	0.000
	匹配后	14.538	14.482	0.4	96.2	0.25	0.805
FER	匹配前	0.676	0.850	−15.5		−11.11	0.000
	匹配后	0.676	0.671	0.5	96.7	0.30	0.762
GPM	匹配前	5.199	4.195	5.1		3.74	0.000
	匹配后	5.198	5.199	0.0	99.9	0.00	0.996

附录 倾向得分匹配变量均衡性检验结果

表 12 基于 SPT 的匹配变量均衡性检验结果——核匹配法

变量	匹配状态	均值		偏差		T 检验	
		实验组	控制组	偏差比例/%	减少幅度	t 值	p 值
Size	匹配前	22.026	22.006	1.5		1.12	0.263
	匹配后	22.014	22.017	−0.2	84.0	−0.14	0.885
Top1	匹配前	33.048	36.266	−21.9		−15.56	0.000
	匹配后	33.353	33.283	0.5	97.8	0.28	0.777
Level	匹配前	42.327	45.639	−16.1		−11.62	0.000
	匹配后	42.343	42.288	0.3	98.3	0.15	0.877
Cash	匹配前	6.615	8.243	−6.9		−5.05	0.000
	匹配后	7.042	7.259	−0.9	86.7	−0.55	0.580
ROA	匹配前	3.650	3.480	2.8		2.05	0.041
	匹配后	3.682	3.685	0.0	98.4	−0.03	0.978
Groth	匹配前	0.241	0.179	13.2		9.94	0.000
	匹配后	0.223	0.213	2.2	83.3	1.31	0.192
Age	匹配前	15.652	15.480	3.0		2.20	0.028
	匹配后	15.695	15.771	−1.3	55.9	−0.77	0.439
PPE	匹配前	21.239	24.214	−17.7		−12.49	0.000
	匹配后	21.554	21.650	−0.6	96.8	−0.35	0.729
Invent	匹配前	14.526	16.021	−10.5		−7.44	0.000
	匹配后	14.704	14.717	−0.1	99.1	−0.06	0.955
FER	匹配前	0.676	0.850	−15.5		−11.11	0.000
	匹配后	0.683	0.677	0.5	96.6	0.31	0.753
GPM	匹配前	5.199	4.195	5.1		3.74	0.000
	匹配后	5.146	5.117	0.1	97.1	0.09	0.930

表 13 基于 CPT 的匹配变量均衡性检验结果——最近邻匹配法

变量	匹配状态	均值		偏差		T 检验	
		实验组	控制组	偏差比例/%	减少幅度	t 值	p 值
Size	匹配前	22.024	22.024	0.0		−0.01	0.990
	匹配后	22.025	22.006	1.4	−85.2	0.85	0.395
Top1	匹配前	33.011	36.171	−21.5		−15.61	0.000
	匹配后	33.015	32.907	0.7	96.6	0.46	0.647
Level	匹配前	42.27	45.622	−16.3		−12.04	0.000
	匹配后	42.257	41.981	1.3	91.8	0.80	0.423
Cash	匹配前	6.806	8.252	−6.2		−4.62	0.000
	匹配后	6.799	7.195	−1.7	72.6	−1.02	0.308
ROA	匹配前	3.695	3.528	2.8		2.06	0.039
	匹配后	3.697	3.761	−1.1	61.6	−0.64	0.522
Groth	匹配前	0.242	0.179	13.5		10.42	0.000
	匹配后	0.242	0.239	0.6	95.3	0.35	0.728
Age	匹配前	15.647	15.499	2.6		1.94	0.052
	匹配后	15.641	15.768	−2.2	14.3	−1.34	0.179
PPE	匹配前	21.193	24.279	−18.4		−13.28	0.000
	匹配后	21.202	21.041	1.0	94.8	0.61	0.541
Invent	匹配前	14.465	16.023	−11.0		−7.94	0.000
	匹配后	14.476	14.654	−1.3	88.5	−0.80	0.425
FER	匹配前	0.670	0.845	−15.7		−11.48	0.000
	匹配后	0.669	0.645	2.2	86.1	1.33	0.184
GPM	匹配前	5.248	4.272	5.0		3.73	0.000
	匹配后	5.247	5.127	0.6	87.8	0.37	0.713

附录 倾向得分匹配变量均衡性检验结果

表 14 基于 CPT 的匹配变量均衡性检验结果——核匹配法

变量	匹配状态	均值		偏差		T 检验	
		实验组	控制组	偏差比例/%	减少幅度	t 值	p 值
Size	匹配前	22.024	22.024	0.0		−0.01	0.990
	匹配后	22.014	22.006	0.6	−36.3	0.36	0.716
Top1	匹配前	33.011	36.171	−21.5		−15.61	0.000
	匹配后	33.293	33.103	1.3	94.0	0.79	0.427
Level	匹配前	42.270	45.622	−16.3		−12.04	0.000
	匹配后	42.294	42.272	0.1	99.3	0.06	0.950
Cash	匹配前	6.806	8.252	−6.2		−4.62	0.000
	匹配后	7.282	7.333	−0.2	96.5	−0.14	0.893
ROA	匹配前	3.695	3.528	2.8		2.06	0.039
	匹配后	3.726	3.741	−0.3	90.8	−0.15	0.878
Groth	匹配前	0.242	0.179	13.5		10.42	0.000
	匹配后	0.223	0.212	2.3	82.6	1.41	0.157
Age	匹配前	15.647	15.499	2.6		1.94	0.052
	匹配后	15.679	15.756	−1.4	48.1	−0.80	0.423
PPE	匹配前	21.193	24.279	−18.4		−13.28	0.000
	匹配后	21.530	21.563	−0.2	98.9	−0.12	0.903
Invent	匹配前	14.465	16.023	−11.0		−7.94	0.000
	匹配后	14.635	14.682	−0.3	97.0	−0.21	0.834
FER	匹配前	0.669	0.845	−15.7		−11.48	0.000
	匹配后	0.675	0.666	0.8	94.7	0.50	0.621
GPM	匹配前	5.248	4.272	5.0		3.73	0.000
	匹配后	5.218	5.098	0.6	87.7	0.38	0.707

表 15 基于 SCPT 的匹配变量均衡性检验结果——最近邻匹配法

变量	匹配状态	均值		偏差		T 检验	
		实验组	控制组	偏差比例/%	减少幅度	t 值	p 值
Size	匹配前	21.996	21.951	3.6		2.59	0.009
	匹配后	21.995	21.990	0.4	88.6	0.24	0.808
Top1	匹配前	32.945	35.976	−20.7		−14.48	0.000
	匹配后	32.950	33.131	−1.2	94.0	−0.74	0.457
Level	匹配前	41.934	45.383	−16.8		−11.91	0.000
	匹配后	41.937	41.365	2.8	83.4	1.63	0.103
Cash	匹配前	6.619	8.094	−6.2		−4.45	0.000
	匹配后	6.655	7.012	−1.5	75.7	−0.90	0.369
ROA	匹配前	3.691	3.455	3.9		2.79	0.005
	匹配后	3.691	3.738	−0.8	80.1	−0.46	0.644
Groth	匹配前	0.244	0.180	13.5		9.99	0.000
	匹配后	0.243	0.224	4.0	70.3	2.21	0.027
Age	匹配前	15.655	15.532	2.2		1.55	0.121
	匹配后	15.655	15.784	−2.3	−4.9	−1.32	0.185
PPE	匹配前	21.053	23.881	−16.9		−11.77	0.000
	匹配后	21.059	20.914	0.9	94.9	0.53	0.595
Invent	匹配前	14.538	16.157	−11.3		−7.86	0.000
	匹配后	14.541	14.507	0.2	97.9	0.15	0.885
FER	匹配前	0.663	0.838	−15.6		−10.99	0.000
	匹配后	0.664	0.661	0.2	98.4	0.14	0.885
GPM	匹配前	5.303	4.179	5.7		4.08	0.000
	匹配后	5.301	5.263	0.2	96.6	0.12	0.906

表16　基于SCPT的匹配变量均衡性检验结果——核匹配法

变量	匹配状态	均值		偏差		T检验	
		实验组	控制组	偏差比例/%	减少幅度	t值	p值
Size	匹配前	21.996	21.951	3.6		2.59	0.009
	匹配后	21.980	21.974	0.5	86.1	0.29	0.771
Top1	匹配前	32.945	35.976	−20.7		−14.48	0.000
	匹配后	33.232	33.136	0.7	96.8	0.39	0.698
Level	匹配前	41.934	45.383	−16.8		−11.91	0.000
	匹配后	42.013	41.815	1.0	94.2	0.56	0.577
Cash	匹配前	6.619	8.094	−6.2		−4.45	0.000
	匹配后	7.123	7.183	−0.3	95.9	−0.15	0.879
ROA	匹配前	3.691	3.455	3.9		2.79	0.005
	匹配后	3.719	3.673	0.8	80.6	0.44	0.658
Groth	匹配前	0.244	0.180	13.5		9.99	0.000
	匹配后	0.221	0.211	2.2	83.8	1.28	0.199
Age	匹配前	15.655	15.532	2.2		1.55	0.121
	匹配后	15.689	15.826	−2.4	−10.9	−1.38	0.169
PPE	匹配前	21.053	23.881	−16.9		−11.77	0.000
	匹配后	21.389	21.312	0.5	97.3	0.28	0.780
Invent	匹配前	14.538	16.157	−11.3		−7.86	0.000
	匹配后	14.729	14.847	−0.8	92.7	−0.50	0.615
FER	匹配前	0.663	0.838	−15.6		−10.99	0.000
	匹配后	0.674	0.670	0.4	97.5	0.22	0.822
GPM	匹配前	5.303	4.179	5.7		4.08	0.000
	匹配后	5.251	4.905	1.8	69.2	1.04	0.300